기자들,
유튜브에
뛰어들다

기자들, 유튜브에 뛰어들다

지상파 기자들의 뉴미디어 생존기

박수진·조을선·장선이·신정은 지음

인물과
사상사

손 안에 든 스마트폰으로 세상을 읽는 신인류에게 뉴스를 어떻게 전해야 할까? 격변의 시대 속, 새로운 미디어에 길을 내기 위해 깊이 있게 고민한 귀한 책이다. 머릿속 생각이 아닌, 현장에서 무수히 도전한 결과를 담은 살아 있는 기록이다. 언론의 미래를 준비하는 동료들과 후학들에게도 소중한 자료가 될 것으로 확신한다. 쌓인 눈 위에 처음으로 발자국을 찍고 있는 이들을 따라 나도 걸어가볼 작정이다.

– 주영진(SBS '뉴스브리핑' 앵커)

확실히 새로운 세상이 왔다. 언론도 유튜브로 대표되는 플랫폼 세상에서는 조회수를 바라는 하나의 채널일 뿐이다. 이 책에는 미디어 범람 시대에 생존 경쟁하는 기자들의 고민과 실패담이 솔직하게 담겨 있다. 책을 읽는 동안 내 이야기 같아 밑줄을 계속 그었다. 그러다 보니 '결국 우리는 같은 고민을 하고 있구나'라는 생각에 동지 의식도 느꼈다. 많은 사람이 기자들의 아주 솔직한 이야기 속에서 다음 길을 모색할 수 있을 거라 믿는다.

– 이지상(『중앙일보』 '듣똑라' 기자)

방송국은 더는 방송만 만들지 않는다. 이제는 당연해진 이 말이 하나도 당연하지 않던 시절, 겁 없이 유튜브에 뛰어든 사람들이 있었다. 규칙이 없는 곳에서 반칙하지 않고, 정답이 없는 곳에서 오답을 피해가며 새로운 모범 답안을 만들어낸 기자들의 생생한 오답 노트를 엿볼 수 있는 소중한 기회다.

— 도준우(SBS 시사교양PD, '그것이 알고 싶다' 유튜브 채널 담당)

뉴스는 언제나 그 시대 가장 새로운 '운송 수단'을 택할 수밖에 없는 숙명을 마주한다. SBS 뉴스는 늘 '뉴이스트newest 미디어'에 몸을 싣고 현재 가장 유용한 '나우now 미디어'이자 신뢰할 수 있는 '트러스티드trusted 미디어'를 향해 달려왔다. 그 숨 가쁜 환승과 경유의 여정이 혼자 보기 아까웠을 지경인데, 이토록 생생하고도 일목요연하게 정리되어 있으니 이 책을 한 권의 여행서로도 볼 수 있지 않을까?

— 안현모(전前 SBS 기자, 방송인·국제회의통역사)

바야흐로 디지털 미디어의 시대다. 업로드 버튼 하나로 누구나 콘텐츠 창작자가 될 수 있고 심지어 누구나 언론이 될 수 있는 세상이다. 이 책에는 숫자와 자극성의 함정들 속에서 '우리는 지금 어떤 뉴스를 만들어야 하는가?'에 대한 현직 기자들의 치열한 고민이 담겨 있다. 이를 통해 우리는 더 즐겁게 세상을 발견하는 방법을 찾아내게 되리라 믿는다.

— 도티(유튜브 크리에이터)

머리말

당신이 생각하는 뉴미디어는 무엇인가요? 어떤 언론사의 뉴미디어 채널이 가장 인상 깊었나요? 이 책을 쓰면서 많은 사람을 인터뷰하며 물었습니다. 충격적인(?) 답이 돌아왔습니다.

"뉴미디어요? 그 말 자체가 너무 올드하지 않나요?"

뒤통수를 한 대 세게 맞은 것 같았습니다. 자신이 직접 촬영해 유튜브나 틱톡에 올리는 동영상을 'UCCUser Created Contents'라고 부르는 사람을 더는 찾아보기 어렵듯이 뉴미디어라는 단어 자체가 고루해졌다는 이야기입니다. 이 단어에는 여전히 '새롭다new'는 의미가 살아 있지만, 사람들에게는 더는 새로움을 주지 못하는 단어가 되어버린 겁니다.

미디어 시장은 무서울 만큼 빠른 속도로 변화하고 있습니다. 미디어 이용자들의 관심은 특정 플랫폼과 콘텐츠를 향해 뜨겁게 끓어올랐다가 돌연 식어버리기도 하고, 좀더 새로운 것을 끊임없이 갈구합니다. 언론도 이런 시장의 변화에서 자유로울 수 없습니다.

비디오머그, 크랩, 일사에프, 헤이뉴스, 씨리얼……. 이 해괴한(?) 이름들은 모두 국내 방송사들이 운영하는 유튜브 뉴스 채널입니다. 요즘 말로 하면 '부캐'입니다. 각 언론사에 하나쯤은 있는 디지털 뉴스 조직과 이 같은 '부캐 채널'들은 변화에 대한 위기의식이 낳은 산물입니다. 신문 지면이나 TV 방송이 아닌, 유튜브 채널이나 인스타그램, 페이스북, 틱톡 등 소셜미디어 플랫폼에 맞는 디지털 영상이나 자사 홈페이지와 포털 전용 콘텐츠, 데이터 저널리즘 또는 뉴스레터 서비스를 담당하는 기자도 점점 늘어나고 있습니다.

이 책은 SBS 현직 방송기자 4명이 지난 3년 동안 유튜브 세상과 디지털 세계에 계급장을 떼고 뛰어들어 엎어지고 깨지며 거듭 일어나는 생생한 분투기입니다. 방송 뉴스 대신 디지털 뉴스를 제작하며 조회수라는 실시간 성적표를 받아들고, 댓글로 날것의 평가를 들으며, 개인기로 무장한 1인 크리에이터들과 경쟁하면서도 언론사의 품위를 잃지 않으려고 노력한 기록입니다.

디지털 뉴스는 신뢰와 진실이라는 무거운 대원칙과 세상의 빠른 변화에 발맞춘 전달 방식, 이 두 가지 어려운 과제를 안고 있습니다. 게다가 이 낯선 영역에서는 덮어놓고 따라 할 정답도 없습니다. 신문이나 방송 기사를 쓰고 취재할 때는 오랫동안 많은 기자의 경험과 검증을 거쳐 확립된 원칙이 있지만, 이 새로운 세상에는 그런 것마저 없습니다.

방송기자 4명이 이 책을 쓰기로 마음을 모은 이유도 여기에 있습니다. 지난 10년 동안 한국의 언론사들도 디지털 혁신을 위해 다양한 시도를 해왔습니다. 숱하게 실패했지만 의미 있는 성과도 거두었습니다. 이런 과정에서 겪은 시행착오를 정리하면 조금은 명확한 가이드라인이 생기지 않을까? 최소한 선배들이 했던 실수를 반복하는 일은 없지 않을까? 이런 생각에서 출발해 이 책이 탄생하게 되었습니다.

뉴미디어에 대한 이론서가 아닌 현직 방송기자들의 실제 체험기이기에 관련 직군 종사자들에게 현실적인 도움이 될 수 있으리라 믿습니다. 또한 언론의 디지털 혁신 과정에 관심이 있는 일반 독자나 언론사 준비생들에게도, 막연해 보이는 언론의 디지털 혁신이 실제 현장에서는 어떤 모습으로 이루어지고 있는지 생생하게 알 수 있는 기록이 되기를 바랍니다.

　이 책이 세상에 나올 수 있도록 도움을 주신 인물과사상사와 한국여성기자협회, 김위근 전前 한국언론재단 연구위원님, 『중앙일보』 '듣똑라'의 이지상 기자님, MBC '소비더머니'의 조현용 기자님, 하대석 전前 SBS 기자님, SBS 디지털뉴스랩 뉴스 제작자님들, 남상석 SBS 본부장님, 유튜브 크리에이터 도티(나희선)님과 진용진님, 작가 선우의성님, 마지막으로 우리를 묵묵히 응원해준 가족에게 진심으로 감사의 인사를 전합니다.

제1장 ▶

뉴미디어 시대의
뉴스 크리에이터

『뉴욕타임스』도
정답은 아니었다

> 뉴스룸은 벽돌이 아닌 '레고'로 지어야 한다. 오늘 최적의 구조가
> 내일도 그러리라는 법은 없기 때문이다. 우리는 반드시 '진화'해
> 야 한다. 그것도 빠른 속도로.
>
> — 「『뉴욕타임스』혁신 보고서」 중에서

　2014년, 전 세계 언론사들은 낯선 충격을 경험했다. 가장
위기감이 없을 것 같은, 100년 넘는 전통의 1위 신문인 『뉴욕
타임스』가 "우리는 빨리 변화해야 한다"며 조급함을 드러냈기
때문이다. 96쪽 분량의 이 보고서는 절박한 위기의식 그 자체

였다. 처절한 반성과 실험, 변화에 대한 의지와 혁신 방안이 빽빽이 담긴 이 보고서의 결론은 하나였다. '디지털 퍼스트.'●

　사실 『뉴욕타임스』는 1년 전인 2013년, '스노 폴Snow Fall'이라는 디지털 '인터랙티브 뉴스'●● 기사를 내놓으며 이미 전 세계 언론에 충격을 안겼다. 꼼꼼한 취재가 바탕이 된 생동감 넘치는 르포 기사의 중간 중간에, 3D 그래픽과 현장 인터뷰 영상들이 배치된 이 기사는 독자들 앞에 눈사태가 벌어진 설산을 그대로 옮겨놓았다. 이렇게 이미 지면의 한계를 뛰어넘었다고 생각한 『뉴욕타임스』가 내부적으로는 위기의식에 발을 구르고 있었던 셈이다.

　'퍼스트 룩 미디어'나 '복스 미디어'도 디지털에 특화된 뉴스룸을

디지털 퍼스트Digital First ●

모바일 기술 발달로 뉴스 소비 행태도 변화하면서, 종이신문과 방송 위주의 기존 시스템에서 벗어나 디지털 콘텐츠를 우선적으로 제작해야 한다는 '디지털 우선주의'를 의미한다.

인터랙티브 뉴스interactive news ●●

텍스트 외에도 사진, 그래픽, 동영상 등을 활용한 뉴스로, 독자의 클릭에 반응하는 뉴스를 구현한다. 미국의 『뉴욕타임스』가 다양한 기법을 동원해 눈사태 사고를 다룬 '스노 폴' 기사가 대표적인 사례로 꼽힌다.

만들었다. 『가디언』과 『USA투데이』는 독자층을 넓히기 위해 최신 성공 사례들을 적극적으로 도입했다. 『허핑턴포스트』와 『플립보드』는 『뉴욕타임스』 저널리즘을 활용해 정작 기사를 작성한 우리보다 더 많은 트래픽을 가져가고 있다.

- 「『뉴욕 타임스』 혁신 보고서」 중에서

'디지털에 특화된 뉴스룸.' 『뉴욕타임스』 앞에 당면한 과제는 이것이었다. 이름도 낯선 신생 온라인 매체가 디지털에 특화된 전략을 내세우며 자신들의 독자를 야금야금 빼앗아가는 걸 보면서 '더는 『워싱턴포스트』와 『CNN』만 이기면 되는 세상이 아니다'라는 자각이 이 혁신 보고서가 세상에 나온 배경이었다. 그로부터 8년이 지났다. 우리는 '레고 같은 뉴스룸', '디지털에 특화된 뉴스룸'을 구축했을까? 유행어처럼 참 많이도 말해온 '디지털 퍼스트'라는 선언은 구호를 넘어 현실이 되었을까?

▶ 뉴스를 기다리지 않는 시대

일단 독자들은 확실히 '디지털 퍼스트'가 되었다. 스마트폰

등 모바일 환경에서 뉴스를 보는 이용자들은 최근 10년간 큰 폭으로 증가했다. 국내 통계만 봐도 2020년 기준 10명 중 8명이 모바일로 뉴스를 본다고 답했다. 반면 2010년 2명 중 1명이 보던 종이신문은 10년 만에 10명 중 1명만 보는 위기에 직면했다.

2020년 모바일 뉴스 이용 비율은 77.9%에 달했지만, 종이신문 이용률은 2010년 52.6%에서 2020년 10.2%로 급격히 하락했다. 단순히 뉴스를 접하는 통로가 바뀐 게 아니다. 접근법도 확실히 달라졌다. 아침에 집 앞에 배달되는 신문을 기다리고, 저녁 8시에 시작하는 방송 뉴스를 기다리는 시대가 이미 지나가버렸다는 건 전혀 새로울 것도 없는 현실이다.

그 대신 뉴스가 나를 찾아오기를 기다린다. 내 앞에 놓인 수많은 읽을거리와 볼거리를 물리치고 나를 찾아올 '그 뉴스'를 말이다. 독자들은 "그 뉴스가 중요하다면 알아서 내 앞에 나타날 것"이라고 기대하고 있다. 가혹하게도 무엇이 중요한 뉴스일지, 무엇이 당신을 감동시킬 뉴스인지는 알려주지 않는다. 결국 언론사들에는 독자와의 숨바꼭질이 지상 과제가 되었다. 우리의 뉴스를 기다리는 독자가 누구인지, 그들은 어디 있는지 먼저 찾아나서야 하는 여정을 피할 수 없게 된 것이다.

● 디지털 뉴스 춘추전국시대와 『뉴욕타임스』의 위기

「『뉴욕타임스』 혁신 보고서」 이후 '디지털 퍼스트'를 위해 국내외 언론이 여러 의미 있는 시도를 했지만, 모두를 구원할 정답 같은 해법은 없었다. 『뉴욕타임스』의 '스노 폴'이 포문을 연 '인터랙티브 뉴스' 기사는 이제 많은 언론에서 쉽게 찾아볼 수 있는 형태의 디지털 기사가 되었지만, 그 자체로 '레고 같은 뉴스룸을 만들었다'고 말할 수는 없다.

『뉴욕타임스』처럼 자사 홈페이지를 강화하며 유료 구독자를 늘리기 위한 시도도 이어져왔지만, 유료 구독으로 전환하는 데 성공한 언론사는 전 세계적으로 손에 꼽는다. 즉, 『뉴욕타임스』가 디지털 혁신이라는 과제를 던진 선구자는 맞지만, 정답이 되지는 못한 것이다.

뉴미디어 분야에서 일하다 보면 이른바 '넥스트 스텝next step(다음 행보)'을 찾지 못해 답답해질 때가 있는데, 이럴 때면 '덮어놓고 따라 할 수 있는 모델이 있으면 좋겠다'는 생각을 한다. 하지만 언제고 그런 롤 모델은 없었다. 디지털 혁신의 여정은 모든 언론사에 '한 번도 가보지 않은 낯선 길'인 것은 똑같았다. 자사 홈페이지와 모바일 페이지 강화와 유료 구독자 확보를 앞세웠던 『뉴욕타임스』의 혁신 모델이 다른 언론사에도 모두 적용될 수 있는 것은 아니었다. '디지털 퍼스트'라는 구호 아래 펼쳐진 춘추전국시대에 언론사들은 여전히 디지털 혁신을 위한 여정을 계속하고 있다.

고무적인 점이라면 『『뉴욕타임스』 혁신 보고서』 발행 이후 8년 동안 가장 역동적인 변화가 일어나고 있는 곳이 한국 언론이라는 점이다. 모바일 기술이 빠르게 발전하고, 이를 바탕으로 스마트폰·태블릿 PC 등의 모바일 기기 활용도가 다른 나라와 비교해 높은 편이다 보니, 한국의 미디어 시장은 이른바 '디지털 춘추전국시대'라고 불릴 만큼 다양한 시도가 피고 지는 시기를 거쳐왔다.

◉ 닷컴, 포털, 페이스북, 유튜브

「『뉴욕타임스』 혁신 보고서」가 공개된 2014년 전후로, 국내 언론사들은 인터넷 속보 강화를 내세우며 닷컴 홈페이지를 개설하거나, 공식 홈페이지와 별도로 인터넷 뉴스 전용 사이트를 만들기도 했다. 『국민일보』의 '쿠키뉴스', 『한국일보』의 '한국일보닷컴', 『중앙일보』의 '조인스닷컴' 등이 대표적이다. 다만 닷컴과 포털에서 지면 기사와 방송 기사 등 오프라인의 기사를 '온라인으로 옮겨서 유통하는 것'이 '디지털 퍼스트'라는 초기 개념을 넘어서지는 못했다.

닷컴과 포털 다음으로 디지털 혁신의 2세대를 연 플랫폼은 페이스북이었다. PC 환경을 위주로 시작된 닷컴과 포털에 비해, 모바일에 최적화된 애플리케이션(앱) 사용 환경을 기반으로 젊은 층을 중심으로 빠르게 확산된 페이스북은 언론사들에는 젊은 독자를 찾는 시장으로 여겨졌다.

한국의 미디어 시장에서는 2015년부터 2017년까지 가장 성황을 이루었는데, 이 시기 한국의 언론사들도 젊은 층에게 어필할 수 있는 '서브 브랜드sub-brand', 즉 '버티컬 브랜드'●를 개설하면서 카드뉴스, 2분 남짓의 짧은 영상 포맷 등을 활용해 뉴스 유통에 나섰다. SBS의 '스브스뉴스'와 '비디오머그' 등이 이 시기에 생겨났다.

절대적일 것 같았던 페이스북의 아성은 생각보다 빠르게 무너졌다. 해외에서 주목받고 있던 뉴스 분야의 뉴미디어 채널들

버티컬 브랜드vertical brand　　　　　　　　　　　　●

언론사가 독자층을 넓히고 새로운 시도를 하기 위해 기존 브랜드와는 별도로 만들어 운영하는 브랜드나 채널을 의미한다. 언론사의 기존 이름을 드러내지 않고 새로운 이름을 내세우는 경우가 많다.

이 주 무대를 유튜브로 옮기고 있었던 것이다. 2017년 하반기 페이스북이 뉴스피드에 지인들의 소식을 우선적으로 노출하고 기업 페이지의 노출은 줄이는 방향으로 알고리즘을 바꾸면서, 언론사 페이지의 도달률이 떨어지게 된 것이 큰 계기가 되었다.

『CNN』의 '그레이트 빅 스토리'•나 '복스 미디어'•• 등이 유튜브에서 10분 안팎의, (페이스북 영상 콘텐츠보다 상대적으로 긴) '롱폼long-form' 영상 콘텐츠로 주목받고 있었다. '뉴스'라는 카테고리를 벗어나면, 이미 유튜브는 1인 크리에이터들의 다양한 실험과 시도가 넘쳐나는 메이저 동영상 플랫폼이었다.

그레이트 빅 스토리Great Big Story, GBS ●

2015년 『CNN』이 만든 디지털 영상 채널로 『CNN』의 자회사 형태로 운영되며, 전 세계를 돌며 독특한 스토리를 지닌 인물 등을 조명하는 웰메이드 영상을 주 콘텐츠로 삼아왔다. 5년 만에 590만 명 넘는 유튜브 구독자를 확보하고, 월 평균 1억 회가 넘는 조회수를 기록한 버티컬 채널의 대표적인 성공 사례였지만, 2020년 10월 1일 서비스를 종료했다.

복스 미디어VOX Media ●●

2014년 서비스를 시작한 미국의 인터넷 언론사다. 모션그래픽과 감각적인 영상을 앞세운 '설명explained 저널리즘' 분야에서 대표적인 성공 모델이다. 설립 1년 만인 2015년 당시 버락 오바마 미국 대통령과 단독 인터뷰를 성사시키며 주목을 받았고, 넷플릭스의 TV 다큐멘터리 시리즈 '익스플레인: 세계를 해설하다'를 제작해 큰 성공을 거두었다. 2022년 1월 기준 유튜브 구독자 1,020만 명을 확보하고 있다.

유튜브로 넘어가야 할 시장적 동기는 충분했다. 콘텐츠 소비자들은 벌써 유튜브로 건너가고 있는 상황이었으니까. 이후 많은 언론사가 페이스북에서 유튜브로 주력 플랫폼을 바꾸었다. 2018년부터 벌어진 변화로, 현재까지도 유튜브는 언론사가 다양한 뉴스 콘텐츠를 실험하는 대표적인 플랫폼 역할을 하고 있다.

▶ 전성시대를 꽃피운 유튜브 뉴스

개그맨 유재석이 '유산슬', '지미유' 등 가상의 캐릭터를 만들어 활동하는 것을 '부副 캐릭터sub character', 이른바 부캐라고 부른다. 이처럼 언론사가 서브 브랜드로 운영하는 '버티컬 채널vertical channel'도 언론사의 '부캐'라고 할 수 있다. 이 '부캐 채널'은 유튜브를 기반으로 이용자가 뉴스에 쉽게 접근하도록 만들며, 뉴스가 재미있고 친밀하다고 느끼게 하는 데 큰 역할을 한다.

이 채널은 결과적으로 유튜브에서 뉴스 콘텐츠의 소비를 늘리는 데 긍정적인 영향을 미쳤다. 기존의 뉴스는 어렵고 재미없다고 느끼는 10~20대 구독자들과, 뉴스에는 관심이 많지만

매체		채널명
신문	조선일보	조선일보, 디지틀조선TV, 땅집고
	동아일보	동아일보
	중앙일보	중앙일보, 듣똑라
	한겨레	한겨레TV, 한겨레 영상뉴스
	경향신문	이런경향
	한국일보	한국일보, 프란(PRAN), K-트렌드
방송	SBS	SBS뉴스, 스브스뉴스, 비디오머그, 스포츠머그
	MBC	MBC뉴스, 일사에프(14F), 엠빅뉴스
	KBS	KBS뉴스, 크랩(KLAB), 댓글 읽어주는 기자들
	JTBC	JTBC뉴스, 헤이뉴스
	TV조선	뉴스TV조선, 씨브라더
	YTN	YTN뉴스, YTN돌았저, 와이퍼

국내 주요 언론사 유튜브 채널 운영 현황.

TV이나 종이신문으로 뉴스를 소비하기는 귀찮은 30~40대까지 이런 버티컬 뉴스 채널의 주요 구독자층이 되었다.

버티컬 채널들이 인기를 끌면서 뉴스 영상 콘텐츠의 기본적인 길이나 제작 문법도 달라졌다. 페이스북에서 각광받던 카드뉴스와 2분 남짓의 짧은 영상 중심에서, 영상은 5분 안팎으로 길어지고, 그만큼 독자의 눈길을 오래 잡아끌 수 있도록 영상의 구성과 맥락에 더 중점을 두게 되었다. 포털 대신 유튜브에서 정보를 검색하는 수요도 늘어나면서 복잡하고 어려운 이슈

국내 주요 언론사가 운영하는 버티컬 채널들.

를 쉽게 정리해주는 형태의 콘텐츠들이 주목받는 추세다. 정보를 찾기 위해 품을 많이 들이지 않더라도, 영상 한 편으로 짧은 시간에 지적 풍족감을 주는 콘텐츠들이다.

언론사는 유튜브에 이런 부캐 채널들을 만들어 기존의 지면과 방송의 한계를 넘어 이용자층을 다양화하고 세계관을 넓히는 시도를 해왔다. 스브스뉴스는 50대 남성 중심인 SBS의 주요 시청자층을 벗어나 10~20대 여성 시청자층을 구축했고, 이를 기반으로 보도 분야에서는 이례적으로 웹 예능 '문명특급'을 기획해 채널의 독립과 성공을 모두 이루었다. 부캐가 또 다른 부캐를 낳은 셈이다.

흥미로운 점은 버티컬 채널의 영상을 소비하는 이용자들이 정작 그 채널의 운영 주체가 SBS, KBS, MBC 같은 기존 언론사라는 사실을 잘 모른다는 것이다. 일반 시민들을 대상으로 언론사의 뉴미디어 전략에 대해 강연할 기회가 있으면 기성 언론사가 운영하는 버티컬 채널의 로고를 보여주고 어느 언론사의 채널인지 맞춰보라는 질문을 던지는데, 채널 이름이 언론사 이름과 비슷하지 않는 이상 정확하게 맞히는 경우는 거의 없다.

이런 현상은 두 가지로 해석이 가능하다. 하나는 SBS, KBS, MBC,『조선일보』,『한겨레』등 유명한 언론사의 기사라고 해서 무조건 선택받던 시대가 지나갔다는 것, 또 하나는 나의 지적 욕구를 채워주고 믿을 만한 정보와 재미를 주는 곳이라면 그곳의 규모가 크든 작든, 유명한 곳이든 아니든 그곳을 내가 가장 신뢰하는 언론사로 여긴다는 것이다.

'디지털 퍼스트'라는 구호 아래 좌충우돌하며 보내온 지난 10년 가까운 시간 동안, 과거의 언론 질서는 이렇게 많은 부분 무너지고 새롭게 재편되어왔다. 이 변화의 시간에 언론사 내부에서는, 또 기자들에게는 어떤 일들이 벌어졌을까?

웃지 못할
온라인 기사 할당제

국내 4대 은행 중 한 곳이 '디지털 대전환Digital Transformation' 을 선언하는 선포식을 열었다. '디지털은 4차 산업혁명의 새 물결이며, 변화는 선택이 아닌 숙명'이라는 장엄한 선언문도 낭독되었다. 갑자기 은행 이야기를 하는 이유는 당시 이 선포식의 사진 한 장이 '웃픈' 화제가 되었기 때문이다.

'DT(디지털 트랜스포메이션) 원년 선포식'이라고 적힌 대형 현수막 아래 은행장을 중심으로 임직원 수백 명이 열 맞춰 서서 주먹을 불끈 쥐고 팔을 뻗고 있는 사진. 미국『블룸버그통신』의 샘 킴 기자가 트위터에 이 사진을 리트윗하며 이런 소감

Sam Kim ✔
@samkimasia

South Korea's biggest bank pledges "digital transformation" and the ceremony feels like it's from stone age

트윗 번역하기

『블룸버그통신』의 샘 킴 기자가 2018년 11월 자신의 트위터에 올린 글과 사진.

을 남겼다.

한국에서 가장 큰 은행이 디지털 대전환을 호소하는데, 정작 행사
는 석기시대에 온 느낌이다.

디지털 혁신을 외치면서 정작 사진에 담긴 모습은 1980~

1990년대의 수학여행 단체 사진을 떠올리게 하는 묘한 부조화를 짚어낸 외신 기자의 글은 큰 공감을 받았다. 구호와 현상이 융화하지 못하고 어색하게 분리된 모습은 디지털 퍼스트를 외치는 한국 언론의 모습과도 비슷하다. 힘주어 '디지털 퍼스트!'를 외치고 있지만, 무엇을 어떻게 해야 할지 몰라 우왕좌왕하는 모습이다.

앞서 밝혔듯 한국 언론이 앞다투어 온라인뉴스부, 디지털뉴스부 등을 조직에 신설하며 디지털 퍼스트를 외쳐온 지도 10년을 바라보고 있다. 그런데 실제로 디지털 퍼스트는 되고 있을까?

▶ 미션: 매일 온라인 기사 6개 작성하기

2010년 1월 신문사에 입사했을 당시 모토로라 2G폰을 사용했다. 지금 갤럭시 5G를 사용하고 있으니, 11년 동안 이동통신 세상에는 세 차례 대전환이 있었다는 뜻이다. 이 대전환의 시기로, 사용하는 휴대전화만 바뀐 게 아니라 기자로서는 디지털 과도기를 겪기도 했다. 선배들처럼 펜으로 기사 쓰고, 편집국에 전화해 기사를 불러주는 아날로그 방식도 나의 방식은 아니었고, 스마트폰에 모바일 CMS(기사 작성 및 전송 시스템)

를 깔고 어디서든 손가락으로 기사를 쓰고 취재 정보를 공유할 수 있는 새로운 방식도 처음부터 익숙하지 않았다. 어느 것도 익숙한 것이 없다고 느꼈다.

언론사들이 내놓는 설익은 '디지털 퍼스트 정책'들도 이런 과도기의 웃지 못할 유물들이다. 몇 가지 황당한 명령을 돌이켜보면, 신문사에서 수습 딱지를 뗀 직후쯤 모든 기자에게 트위터 계정 개설 명령이 내려졌다. 회사에서는 기자들이 트위터 계정을 만들고 자사의 기사들을 링크할 것을 지시했다. 왜 트위터가 중요한지, 트위터를 어떤 목적으로 사용해야 하며, 어떤 디지털 전환 비전을 갖고 있는지에 대한 설명은 아예 없었다. 하루에 기사 링크를 몇 개나 공유했는지 확인하는 회사도 있었다.

온라인 기사를 하루에 몇 개 이상 쓰라고 지시하는, 이른바 '온라인 기사 할당제'도 있었다. 나(박수진 기자)는 6개씩 쓰라는 지시를 받았는데 기자 한 명이 깊은 취재와 정성이 담긴 기사 6개를 하루에 내놓는 것은 불가능하다. 결국 개수를 채우기 위한 기사를 쓰게 되었다. 빨리 채우고 퇴근하고 싶으니까. 처음에는 '취재 현장 후기', '기자 수첩'과 같은 칼럼 형태의 기사를 몇 개씩 포함시키기도 했지만 나중에는 부끄럽지만 보도자료를 추가 취재 없이 그대로 기사화하는 등 쉬운 방법으로 할

당제 기사를 채워갔다.

왜 이런 지시가 내려왔을까? 방송용으로, 신문용으로 만든 기사를 SNS에 링크를 걸어 올리기만 하면 이용자들이 많이 읽을 것이라는 안이한 판단 때문이었다. 비단 한국 언론만의 문제는 아니었다. 마크 톰슨 전前『뉴욕타임스』CEO도 "내가 2012년『뉴욕타임스』에 왔을 때 종이신문 뉴스룸 중심이었고 디지털 인력은 몇 명에 불과했다. 편집국은 훌륭한 종이신문을 만든 뒤, 그걸로 웹사이트를 편집하고 있었다"고 회고하기도 했으니까.

스마트폰, 태블릿 PC 등 모바일 기기로 뉴스 콘텐츠를 소비하려는 독자들에게 어떻게 하면 완벽한 디지털 경험을 안겨줄 수 있을지를 고민하기보다는, 새로운 기술에 과거의 콘텐츠를 담아내는 데 그쳤다. TV 뉴스나 신문 기사의 분량을 줄이거나 늘려 트위터에 올리면 디지털 혁신이라고 믿었던 과거다(현재 진행형이 아니라고 단언할 수는 없지만 말이다).

● 아이스크림 먹는 개 '람보'와 대통령 국정농단 사건

지금에야 뉴미디어부, 디지털뉴스부와 같은 조직이 어떤 일을 하는 곳인지 내부에서도 과거보다는 인식이 많이 갖추어졌지만 여전히 시차는 존재한다. 두 가지 정도로 나누어볼 수 있는데, 하나는 디지털 퍼스트를 외치면서 조직은 없고 인력은 부족한 경우다. 또 하나는 선도적으로 조직을 꾸려 인력을 배치해도 8시 뉴스나, 신문 지면 제작보다 중요도를 후순위로 놓는 경우다.

다른 언론사에 비해 뉴미디어 분야에 일찍 뛰어든 SBS도 예외는 아니었다. SBS는 2000년 인터넷뉴스부로 시작해 2014년 하반기에 스브스뉴스, 2015년에 비디오머그까지 버티컬 채널을 잇따라 내놓으며 보도국에서 뉴미디어 조직이 커져갔다. 초기에는 취재기자 2~3명, 영상기자 1~2명에 불과했지만 매해 정기 인사에서 뉴미디어 부서로 발령 나는 기자가 증가해 현재 4~5배 가까이 늘었다. 전체 조직의 인력은 정해져 있는데, 그 안에서 특정 부서에 배정되는 인원이 늘면 동시에 어딘가에서는 인력 부족을 호소할 수밖에 없다.

2016년 10월 박근혜 대통령의 국정농단 사건으로 대한민국 전체가 혼란스럽던 때, SBS 보도국의 익명 게시판에 이런 글이 올라왔다.

아이스크림 먹는 개. 쓰레기 줍는 강아지. 오늘 뉴미디어 출고 예

비디오머그가 제작한 '아이스크림 먹는 개 람보' 영상 섬네일.

정인 콘텐츠인 것 같습니다. 평소에는 재미있고 괜찮은데 지금은
굳이 안 해도 되지 않습니까? 이런 건 보류하고 국局간 협력을 통
해 뉴미디어에서라도 가능하면 몇 명을 특별취재팀에 보강하면
어떨까요?

뉴미디어부에서 매일 오전 회의를 위해 당일 제작 예정인
아이템을 모두가 볼 수 있는 내부 시스템에 올리는데, 그 내용
중 '아이스크림 먹는 개 람보'라는 제목을 보고 쓴 글이었다.
이 글이 올라왔던 날은, 당시 최순실이 소유한 태블릿 PC에서
대통령의 연설문과 국정 관련 문서들이 포함되었다는 내용이
타사 보도를 통해 알려진 다음 날이었다. 경쟁사에 비해 적극

적으로 관련 사안을 보도하지 못하고 뒤처져 있던 현실이 답답한데, '이 시국에 웬 아이스크림 먹는 개인가' 하고 화가 났을 것이다.

사실 그날 제작 예정 콘텐츠에는 람보뿐 아니라 국정농단 관련 기자회견 라이브, 대통령의 거짓말을 비판하는 콘텐츠도 포함되어 있었다. 람보 영상은 콘텐츠 자체의 중요도보다는 다른 중요 콘텐츠를 보게 하려는 목적이 컸다. 페이스북이나 포털에서 우연히 이 영상을 본 사람들이 비디오머그 채널에 들어와 다른 콘텐츠들도 보도록 하는 역할이다. 이런 채널 운영 전략까지 외부 사람들은 알기가 어려우니 이런 불만이 나오는 건 어찌 보면 자연스러운 일이었다.

지금은 많이 달라졌지만 초기에는 뉴미디어부나 디지털뉴스부를 취재 현장에서 벗어나고 싶거나, 일반적인 취재를 하기 어려운 상황에 놓인 기자들이 가는 곳쯤으로 생각하던 시절도 있었다. 실제로 이 글을 쓰고 있는 기자 4명에게도 비슷한 경험이 있다. 경제부에 있다가 뉴미디어 부서로 발령이 났을 때 몇몇 선후배가 조심스럽게 '임신 준비하러 가냐'고 묻는 일도 있었고, 입사 2년차에 사회부 경찰팀에 1년 근무하다 뉴미디어 부서에 자원했을 때는 '왜 지금?'이라는 선배들의 의아한 시선을 견뎌야 했다.

이런 인식에는 장벽이 숨어 있다. 중요한 부서와 덜 중요한 부서, 현장과 현장이 아닌 곳, 8시 뉴스용과 8시 뉴스용이 아닌 것. 뉴미디어는 기자들이 원래 하던 것과 다른 일이라는 '장벽'. 하지만 장벽은 깨지라고 있는 것이고, 앞장서서 그 벽을 깨는 사람들은 분명히 있다. 소수에 불과하지만 기존의 질서를 벗어나 새로운 질서를 만들어보고자 하는 변종들은 조금씩 이곳저곳에서 나타나고 있었다.

변종을 자처한
변종들

　이 글을 쓰고 있는 우리는 각기 다른 이유로 뉴미디어부에 자원했다. 기자 경력 14년에 SBS 주말 뉴스 앵커를 맡기도 했던 장선이 기자는 '마흔 살 전에 가보자'는 마음으로 비디오머그 팀에 왔다. 뉴미디어 자체에 관심이 없거나, '나는 이미 늙어서 못 간다'고 자조하는 선배들을 보며 '더 늦기 전에 배워야겠다'는 마음이 컸다.

　신문사를 거쳐 방송기자가 된 12년차 박수진 기자의 지원 동기는 두려움이었다. 뉴스를 소비하는 사람들은 저만큼 앞서가는데 정작 생산자인 자신은 뒤처지고 있는 것 같아 무서웠고, 그래서 직접 가서 해보자는 마음으로 비디오머그 팀에 합류했다.

역시 12년차인 조을선 기자는 8시 뉴스 중심의 방송 뉴스 조직과, 뉴미디어 조직의 협업을 통한 시너지를 직접 실행해보고 싶어 뉴미디어부로 오게 되었다. 기자가 되기 전부터 '방송 뉴스'와 '뉴미디어'라는 구분 없이 모든 게 미디어라고 생각했던 3년차 신정은 기자는 새로운 세대를 위한 뉴스 형식을 실험해보고 싶어 수습기자를 마치고 1년간 경찰기자 생활을 하다 뉴미디어부에 합류했다.

미디어 플랫폼이 다변화하고, 그에 따라 뉴스 소비 행태도 빠르게 변화하면서 언론사의 뉴미디어 조직에 대한 인식도 젊은 기자들을 중심으로 달라지고 있는 게 사실이다. 특히 최근 입사한 기자들의 생각은 완전히 다르다.

● 뉴미디어 vs 올드미디어, 구분이 필요해?

"진짜 세상이 변하긴 변했나봐. 인상적으로 본 뉴스랑 기자가 누구냐고 물으니 유튜브에 나온 기자들 이름이 많이 나오더라."
얼마 전 신입사원 면접에 들어갔던 한 부장급 기자의 이야기다. 인상적으로 본 뉴스나 좋아하는 기자가 누구인지 물으면 뉴미디어 콘텐츠와 뉴미디어부 소속 기자를 언급하는 경우가 해마다 늘고 있다. 쓰고 싶은 기사 대신 제작하고 싶은 콘텐츠를 언급하는 지원자도 많다.

뉴스를 콘텐츠 개념으로 이해하는 세대에게 방송 뉴스든, 유튜브 뉴스든 틀은 큰 의미가 없다. 전달할 가치가 있는 것을 보도하는 데 플랫폼이 TV 방송 뉴스든, 유튜브나 페이스북 영상이든 따지지 않는다는 의미다. 오히려 언론사에 뉴미디어를 담당하는 부서가 따로 있다는 사실에 놀라워하는 경우가 있다면 있을까. 뉴스든 예능이든 드라마든 자신들이 주로 이용하는 플랫폼에서 콘텐츠를 소비하는 MZ세대에게 뉴미디어는 새롭거나 정의가 필요한 미디어가 아닌 것이다.

그 경계가 의미 없다는 사실은 수치로도 읽을 수 있는데, SBS 뉴스 중 메인 뉴스인 〈SBS 8 뉴스〉 시청자는 하루 평균 60만 명 정도인데, SBS 홈페이지에 하루 동안 유입되는 인원은 130~160만 명 정도다. SBS 뉴스 유튜브 채널 구독자는 2022년 2월 기준 216만 명, 비디오머그 107만 명, 스포츠머그 21만 명, 스브스뉴스 73만 명, 문명특급 173만 명까지 총 590만 명에 달한다. 이미 TV가 아니라 다른 플랫폼에서 SBS 뉴스를 접하는 사람이 많아졌다는 이야기다. 다양한 플랫폼과 채널을 통해 시청자와 독자를 만나는 기자들에게 요구되는 역할도 과거와 달라지고 있다.

▶ 기자, '뉴스 크리에이터'가 되다

저명한 교수든, 밀리언셀러 가수든, 살림을 하는 전업 주부든 유튜브에서 콘텐츠를 만드는 사람은 모두 크리에이터. 기자도 예외는 아니다. 언론사의 이름보다 개인 브랜드의 파워가 중요해지다 보니 초기에는 언론사들도 유명 언론인을 앞세우는 방식으로 본격적인 문을 열었다.

JTBC 뉴스는 손석희 보도 부문 사장을 적극 활용해 유튜브, 페이스북 등 뉴미디어 채널을 키웠다. 2017년 4월에 처음 시작한 '소셜 라이브'는 뉴스가 끝난 뒤 손석희 사장과 기자들의 뒷이야기를 주로 다루었다. 근엄하고 딱딱하기만 했던 브라운관 속 손석희 사장의 모습과 달리 후배들의 날카로운 질문에 진땀을 빼며 난감해하고, 심지어 웃기까지 하는 모습에 시청자들은 신선하다는 반응을 보였다.

'한겨레TV'도 『한겨레』의 대표 정치기자인 성한용 선임기자를 전면에 내세워 매일 저녁 라이브 뉴스를 진행했고, 『경향

신문』은 자동차 부문을 취재하는 김준 선임기자가 진행하는 '김준의 이 차 어때?'를 시작으로 채널을 키웠다.

하지만 무조건 유명 언론인이나 간판 기자를 내세운다고 해서 스타 유튜버처럼 팬덤이 형성될 수 있을까? 아쉽게도 절대 그렇지 않다. 기자 스스로가 어떤 콘텐츠를, 어떤 방식으로 전달할지 전략을 꼼꼼히 수립하는 게 우선이다. 자신이 취재한 기사가 어떤 플랫폼에서, 어떤 방식으로, 어떤 독자를 타깃으로 삼았을 때 가장 효과적일지 전략을 짜는 것이 일반 기자와 뉴스 크리에이터의 가장 큰 차이점이다.

이런 일은 혼자 할 수 없다. 기존 언론사의 업무 시스템은 기사 또는 콘텐츠를 만드는 일과 유통, 마케팅 등 플랫폼 전략을 짜는 일이 철저히 나누어지고, 실무진 단위의 소통에도 적극적이지 못한 경우가 많다. 하지만 이제는 취재 계획과 기사 구성의 기획 단계부터 어떤 방식으로 전달할지, 촬영은 어떤 방식으로 하고 편집과 디자인은 어떤 흐름으로 갈지를 충분히 소통해야 시너지를 낼 수 있다.

유튜브, 인스타그램, 틱톡 등에서 활발하게 활동하는 인기 크리에이터 대부분이 콘텐츠 내용을 채우는 데 그치지 않고, 나아가 플랫폼의 맞춤 전략을 짜낸다. 이 일을 기자도, 언론사도 '뉴스 크리에이터'●가 되어 직접 해야 한다는 뜻이다.

베트남 북미정상회담 당시 현지 취재를 했던 비디오머그 팀 박수진 기자.

비디오머그 팀은 2018년 베트남 하노이에서 열린 북미정
상회담을 뉴미디어용으로 중계하기 위해 현지에 박수진 기자
를 파견했다. 보도국에서도 기자 여러 명이 방송 뉴스와 특보
를 위해 파견되는 상황이었는데, 굳이 비디오머그 팀에서도 따
로 기자를 보낸 이유가 있었다.

박수진 기자는 머리끝부터 발끝까지 비디오머그의 대표 색
상인 민트색으로 '풀 장착'했다. 비디오머그라고 적힌 머리띠

뉴스 크리에이터news creator

언론이나 미디어 분야에서 취재와 기사 작성에 그치지 않고 직접 콘텐츠를 기획하
고 제작해 유통, 배포, 프로모션 전략을 아울러 뉴스를 전하는 사람.

를 하고 민트색 점퍼를 입고 마이크를 들었다. 그 모습으로 북한과 미국 정상의 숙소는 물론 회담장 주변을 누볐다. 어찌 보면 '기자답지 않은' 모습이지만 철저히 처음부터 비디오머그 내 디자인 팀, 서울 진행 팀과 논의를 거쳐 준비한 콘셉트였다.

북한과 미국 정상 간의 회담이라는 묵직한 주제에 독자들이 좀더 친밀하게 접근하도록 하고, 방송 뉴스에는 미처 다 담지 못하는 현장의 감춰진 모습들을 보여주면서 흥미를 키우는 전략이었다. 유튜브 라이브 중계는 물론, 현지에서 촬영한 브이로그 형식의 영상도 좋은 반응을 거두었다. 무엇보다 독자들이 '기자 누나', '기자 언니'라고 칭하며 실시간 채팅이나 댓글을 통해 정상회담 현장에 대한 궁금증을 질문하고, 이를 현장에서 취재해 답변해주는 적극적인 소통이 이루어진 점이 인상적이었다.

이렇게 독자와의 적극적 소통을 기반으로 팬덤을 구축해 기자가 크리에이터로 성장한 대표적인 채널 중 한 곳이 『중앙일보』 기자 4명이 진행하는 '듣똑라(듣다 보면 똑똑해지는 라이프)'다. 듣똑라는 MZ세대가 궁금해하는 시사·트렌드·라이프스타일 콘텐츠를 만들며, 팟캐스트로 시작해 유튜브로 건너와 꾸준히 성장하고 있다. 2021년 9월 유튜브 코리아가 선정한 '유튜브와 성장한 한국의 크리에이터 50인'으로 뽑히기도 했다. 선정된 50개 유튜브 채널 중 국내 언론사 채널로는 든똑라가 유일하다.

MBC가 운영하는 일사에프에서 '소비더머니'를 진행하는 '그 형'으로 불리는 조현용 기자는 언론사가 운영하는 버티컬 채널 기자 중에 가장 팬이 많은 기자이기도 하다. 소비더머니의 팬덤을 기반으로 2021년 3월 채널을 독립했는데, 구독자가 1년여 만에 36만 명을 넘어섰다. 기자가 직접 출연해 각종 기업과 브랜드, 창업자들의 이야기를 들려주어 기자의 브랜드화에 성공했다는 평가를 받고 있다.

기자 자신의 크리에이터화와 브랜드화는 비단 뉴미디어 기자여야만 할 수 있는 것은 아니다. 일반 보도국에서도, 편집국에서도 변화를 꾀하는 기자들의 새로운 시도는 이어지고 있다. 새로운 미디어 시장에서 생존하기 위해서는 스스로를 브랜딩 branding하는 것이 중요하다는 점에 공감하는 기자들이 늘어나고 있는 셈이다.

⦿ 보도국에 스며드는 '변종 DNA'

SBS 워싱턴 특파원인 김수형 기자는 비디오머그 팀과 협업해 '워싱턴 인사이트'라는 자체 코너를 운영하고 있다. 기자 경력 20년 가까이 된 고참 기자임에도 방송 뉴스나 유튜브용 콘텐츠 구분 없이 크리에이터로서 다양한 분야를 시도한 대표적 사례다. 넷플릭스 오리지널 〈오징어 게임〉이 미국에서 큰 인기를 끌 때는 워싱턴 백악관 앞 광장에 직접 나가 〈오징어 게임〉에 등장하는 게임 '딱지치기'를 하며, 미국인들과 격 없는 대화를 통해 한류 콘텐츠의 인기 비결을 들어보는 새로운 방식을 시도하기도 했다.

뉴미디어 플랫폼을 활용해 독자들에게 적극적으로 '당신의 이야기를 들어드립니다'라고 어필하는 기자들도 늘고 있다. 2020년 SBS 사회부 사건 팀은 직장 내 괴롭힘 또는 여름철 장마 피해처럼 주력 보도하고 싶은 이슈를 먼저 독자에게 제시하고 제보를 받기로 했다. 기자가 직접 '우리는 이런 취재를 하고 있고, 취재를 하는 이유는 어떤 것이다. 그래서 이런 제보를 찾고 있다. 여러분의 이야기를 우리가 듣고 보도하겠다'는 메시지를 설명하는 영상을 촬영해 유튜브와 틱톡 등에 유통했다.

제보의 내용에 따라 플랫폼 전략도 차별화했다. SBS의 제보 창구로는 전화, 이메일, SBS 뉴스 홈페이지, 카카오톡, 우편 등 다양한 채널을 열어놓고 있다. 채널을 줄줄이 나열한다고 해서 그만큼 제보가 더 들어오는 게 아니다. 그런데 직장 내 괴

SBS 박찬범 기자가 직접 촬영한 '직장 내 괴롭힘'의 제보를 촉구하는 영상.

롭힘처럼 민감한 내부 고발이 필요하다면 익명 설문조사 툴을 활용해 긴 글로 작성할 수 있게 했다. 그리고 '장마 피해 제보' 등은 제보용 카카오톡 아이디만 안내했다. 사건 사고를 눈앞에서 목격했다면 스마트폰으로 바로 영상을 찍고 카카오톡으로 전송하는 게 가장 쉽고 자연스럽기 때문이다.

이렇게 받은 제보들은 유의미한 후속 보도로 이어졌다. '좋은 기사를 쓰면 자연스럽게 후속 제보가 오겠지'라는 과거의 생각에만 머물러 있다면 할 수 없는 시도였다.

보도국과 편집국에 이렇듯 새로운 시도를 마다하지 않는 변종과 크리에이터가 더 많아지려면 기자의 노력과 더불어 기존의 방송 뉴스와 지면 제작에 많은 비중을 두었던 언론사 조직의 업무 시스템과 조직 구성에도 큰 변화가 필요하다. 변종이 계속 소수의 변종에만 머문다면 조직 차원의 디지털 혁신을 이루어내기가 어렵기 때문이다.

뉴미디어 조직을 만들고 규모를 키우는 것만큼 뉴미디어 부서와 디지털뉴스 부서는 메인뉴스와 지면 제작 대신 어떤 일을 하고, 왜 이런 새로운 시도를 해야 하는지, 조직 구성원들에게 설명하는 소통과 공감이 이루어지는 과정이 선행되면 좋겠다는 생각을 한다. 언론사는 짧으면 1년, 길면 2~3년에 한 번씩 인력을 재배치하는데, 디지털 혁신에 대한 비전을 뉴미디어나 디지털뉴스 부서에 있는 소수의 구성원에게만 의지한다면 지속되기가 어려울 테니 말이다.

기자와
뉴스 기획자의
차이

『중앙일보』 소속 기자 4명이 주축이 되어 운영하는 『중앙일보』의 뉴미디어 브랜드 듣똑라는 '밀레니얼의 시사 친구'를 지향하며 팟캐스트와 유튜브를 중심으로 시사, 라이프, 트렌드 분야의 콘텐츠를 내세우며, 특히 MZ세대 여성들에게 큰 사랑을 받고 있다. 듣똑라의 모든 콘텐츠에는 기자들이 등장하고, 단순히 내용 전달자에 그치지 않고 자신들의 사적인 모습도 보여주며 독자들과 적극 소통한다. 이지상 듣똑라 기자와의 인터뷰를 통해 '듣똑라'의 '기자 브랜딩' 전략에 대해 들어보았다.

듣똑라 콘텐츠는 기자 4명을 전면에 내세우고 있는데, 이유가 있을까요?

저희가 듣똑라를 시작할 때 이미 다른 언론사들이 뉴미디어에 많이 뛰어들고 있었습니다. 그 경쟁 속에서 일단 독자들에게 우리가 얼마나 진심인지를 스토리텔링해야만 했어요. 우리는 어떤 이력을 가진 기자들이고, 왜 듣똑라를 시작하며, 어떤 문제의식으로 콘텐츠를 만드는지 자연스럽게 설명할 수밖에 없었죠. 그러다 보니 '이런 사람이 콘텐츠를 만들어요'라는 게 부각될 수밖에 없었던 구조가 된 것 같아요.

정치, 사회, 경제, 문화 분야를 담당해온 기자 4명이 모이게 되었지만 저희가 뉴스만 담당하는 건 아니거든요. 오히려 우리 안에 있는 문제의식, 우리가 고민하고 있는 것들을 바탕으로 콘텐츠를 만들어요. 함께 일하는 영상 PD나 기획자, 마케터들과 함께 '내가 누군가'와 '우리가 누군가'를 끊임없이 되묻는 회의를 해요. 이제까지 살면서 내가 누군지를 이렇게 고민해본 적이 없는 것 같아요. 내가 누군지, 내가 독자들과 이야기하고 싶은 것은 어떤 것인지를 계속 묻는 과정이 결국 콘텐츠에서 독자들에게 소구할 수 있는 기자들의 매력이나 캐릭터를 만드는 밑거름이 되는 듯합니다.

또 유튜브는 크리에이터의 세상이잖아요. 독자들은 사람을 보게 되고, 그 사람에 대한 매력이 결국 채널의 매력을 높이게 되죠. 유튜브는 채널과, 그와 관련된 사람을 동일시하는 소비의 특성을 가지고 있다고 생각해요. '뉴스 채널'이나 '언론사 채널'이라고 해서 다르지는 않다고 생각합니다.

진솔한 모습을 보이면서, 독자와의 친밀한 소통으로 이어지게 되는 건가요?

처음에 듣똑라를 시작할 때 '새로운 사람이 왔습니다'라고 해서 저를 소개하고 인터뷰하는 콘텐츠부터 만들었어요. 또 '제가 새로운 호스트가 되었으니 집들이할게요'라고 하면서 20명 정도를 한 달 만에 회사로 초대하기도 했거든요. 신문기자를 할 때는 생각조차 해본 적 없는 일들이죠.

예전에는 구독자를 생각하면 '얼굴이 까만 누군가가 키보드를 막 두드리면서 나를 미워하고 싫어하는 사람'의 인상을 막연히 떠올렸어요. 그런데 듣똑라에 와서 구독자들과 적극적으로 소통하다 보니 구독자들이 저의 업무를 이해해주시고, 제가 어떤 고민을 하는지 그 과정에 대해서도 함께 공감해주는 것을 경험하게 되었어요. '이런 사람들이 내 방송을 듣는구나. 그러면 우리가 고민하는 걸 솔직하게 이야기하는 게 독자들의 (콘텐츠에 대한) 호불호를 판단하는 데도 도움이 되겠다'는 사실을 체득하게 되었어요.

팟캐스트에서는 '뉴스 설명해주는 언니들', 유튜브에서는 '고민 털어놓고 싶은 언니들'의 모습인데요. 플랫폼별로 전략을 달리하는 이유가 있을까요?

유튜브에는 사람이 훨씬 더 많이 모여 있지만 관계의 고리는 상대적으로 약하다고 생각해요. 반면 팟캐스트에는 모여 있는 구독자는 적지만 서로의 관계는 좀더 끈끈한 면이 있어요. 팟캐스트는 이런 관계 속에서 여러 토론이 가능한 매체라고 생각합니다. 그래서 논쟁이나 토론이 가능한 영역의 의제는 주로 팟캐스트로 소화하고 있고, 유튜브에서는 좀더 많은 사람에게 들똑라가 어떤 브랜드이고, 어떤 고민을 하는 조직인지를 알릴 수 있는 콘텐츠 위주로 만들고 있어요. '시사 친구'는 팟캐스트인 거고, 유튜브는 '커리어'와 '라이프' 콘텐츠가 중심이 되는 거죠. 기자들의 역할도 팟캐스트에서는 뉴스를 설명하고 전달해주는 기자의 모습이 좀더 부각되고, 유튜브에서는 독자들과 함께 어떻게 하면 우리의 삶이 좀 더 나아질 수 있을까, 무엇을 하면 좀더 똑똑하게 나의 삶을 살아갈 수 있을까 하고 고민하는 거죠. 물론 이런 룰이 고정된 것은 아니고 계속 고민해서 조금씩 실험하고 바꾸어가고 있어요.

듣똑라에서 본인의 모습을 기자가 아닌 다른 단어로 표현한다면 무엇일까요?

음. '뉴스 기획자'요. 전통적인 기자는 출입처에 가서 취재를 하고, 뉴스 현장에서 문제의식을 뽑아내는 사람들이죠. 그 역할은 여전히 중요합니다. 그런데 여기에 이 뉴스들을 종합했을 때 어떤 큰 그림이 보이는지를 기획해서 독자에게 전달하는 역할이 새로 생겨났다고 생각해요. 이것이 '뉴스 기획자'인 거죠. 현장에서 뉴스를 취재하는 전통적 역할에서 한발 벗어나서, 뉴스를 좀더 구체적으로 기획하고, 어떻게 하면 이 뉴스를 독자들의 마음에 와닿게 할 수 있을지 연구하고 새로운 방식으로 전달하는 역할이 점차 중요해진다고 생각해요.

뉴미디어 기자
하루 뽀개기

　뉴미디어부로 발령 난 첫날, 다른 날보다 옷장 앞에서 한참을 머뭇거렸다. 보도국 소속 방송기자로 일할 때 주로 입던 시커먼 정장들 말고는 입을 만한 옷이 보이지 않았다. 담당하는 분야나 정부 기관이 정해져 있는 것도 아니라서 취재원을 격식 있게 만나는 자리도 적어질 텐데, 편안한 옷처럼 좋은 근무복도 없겠다는 생각이 들었다. 회색 티셔츠를 즐기는 페이스북 창업자 마크 저커버그처럼 일하기에 최적화된 출근룩이라도 준비해야 하나 괜한 유난을 떨며 첫 출근을 했다.

　출근하는 곳이 달라지는 것은 꽤 큰 변화였다. 방송기자일 때는 '남의 회사'로 출근하는 게 정상이었다. 담당하는 정부 부처의 기자실, 복도, 화장실, 혹은 근처 카페의 한 구석, 출입처에서 내 한 몸 기댈 수 있는 곳이 곧 내 사무실이었다. 뉴미디어 기자가 되고 보니 그제야 남의 회사 곳곳을 전전하지 않고 나의 회사로 출근하는, 어엿한(?) 회사원이 된 기분은 들었다. 그럼 출입처가 없어진 건가? 그건 아니다. 출근은 늘 한 평도 안되는 내 자리로 했지만, 오히려 출입처는 '세상 모든 곳'으로 넓어졌다.

▶ '9 to 6' 칼퇴 부서다?

뉴미디어부로 발령 났을 때 쾌재를 부른 이유는 고백하건대, 일정한 근무시간에 대한 기대도 한몫했다. 오전 9시에서 오후 6시라는 근무시간이 지켜질 수 있을 거라고 생각했다. 취재기자는 자신의 출입처에 늘 안테나를 세우고 뉴스가 될 만한 일이 있으면 밤이든 새벽이든 당장 달려가야 하는 게 숙명이다. 퇴근하고 친구를 만나서 삼겹살을 굽다가도 한 점 맛도 못보고 튀어나가는 일은 예사다. 여기에서 해방되었으니 내심 기쁘지 아니할 수 없었다. 그런데 웬걸! 뉴미디어 기자는 퇴근을 해도, 퇴근이 아니었다.

디지털 뉴스의 세계는 24시간 돌아갔다. 마감이 사라졌다. 유튜브나 페이스북 등 SNS에 올린 콘텐츠에 오류가 생기면 집에서 쉬다가도 당장 노트북을 켜야 했다. 중요한 일이 발생하면 한밤중에도 특보 라이브를 연결하기도 했다. 언제 어디서든 일할 수 있다는 게 매우 편리한 일이기도 하지만, 그만큼 끔찍하기도 하다.

꼭 이런 일이 없어도, 뉴스가 나간 뒤에는 끊임없이 구독자들의 반응을 보느라 날밤을 새운 적도 적지 않다. 콘텐츠가 살지 않으면 제목과 섬네일(동영상 이미지를 작게 만든 것)을 수시로 바꾸며 구독자들의 반응을 살폈다. 공들여 만든 자식 같은 콘텐츠를 어떻게 하면 구독자들이 더 볼 수 있을까 하고 애쓰다 책상 앞에서 생각지도 않은 일출을 맞이해 당황하기도 했다.

◉ 뉴미디어 기자는 기사만 쓴다?

뉴미디어 기자들은 대체 무슨 일을 하는 걸까? 유튜브 뉴스 영상을 만드나? 취재도 하나? 기사는 쓰는 걸까? 영상도 구성하나? 기자는 기자인데, 뉴미디어 분야에서 일하는 기자다 보니 정확히 무슨 일을 하는 사람들인지 잘 모르겠다는 이야기를 종종 들었다. 한마디로 말하면, '다 한다'. 뭐 이런 것까지 해야 하나 싶을 정도로 멀티플레이어가 되어야 한다.

뉴미디어 기자들은 보통 아이템 선정부터 취재, 기사 작성, 출연, 영상 구성, 섬네일 기획, 채널 선택과 유통까지 맡고 있다. 이렇게 이야기하니 기자 혼자 모든 걸 하는 것처럼 들린다. 일단 모든 과정에 발을 담그고 있는 건 사실이지만, 결코 혼자 할 수 없는 일이다. 이 모든 과정에서 에디터와 작가, 영상 편집자, 디자이너, 콘텐츠 마케터, SNS와 홈페이지 운영자, 개발자 등 각 파트의 전문성 있는 직원들과 협업해 하나의 콘텐츠를 함께 완성한다.

▶ '단독보도'면 오케이?

기자들이 가장 먹기 싫어하는 것은? '물'이다. 같은 출입처에서 특종이나 단독보도가 나오면 나머지 기자들은 모두 '물을 먹는다'. '보도를 놓쳤다'는 말이다. '물을 그만 먹는' 유일한 방법은 '물을 먹이는' 거다. 어떻게든 다른 보도를 찾아 만회해야 한다. 대부분 출입처를 맡고 있는 취재기자들은 출입처를 중심으로 벌어지는 일들에 따라 경쟁 보도가 이루어질 수밖에 없다.

실제로 보도국의 뉴스 아이템은 이 같은 출입처에서 벌어지는 뉴스 위주로 채택되고 있다. 최근에 벌어진 일인가? 사건과 문제의 정도가 심각한가? 영향력 있는 인물에 관한 것인가? 다른 언론에 보도된 적이 없나?' 등이 주로 아이템 선정의 기준이 된다.

하지만 뉴미디어 세계에서는 이런 기준이 절대적이지 않다. 반드시 최근에 일어난 일이어야 할 필요가 없고, 반드시 심각한 수위의 사안일 필요도 없고, 인물의 영향력도 필수적이지 않다. 단독보도가 아니어도 괜찮다. 그렇다면 대체 어떤 이유로 뉴스가 된다는 말일까? 가장 중요한 건 '독자들의 관심'이다.

구체적으로 말하자면, 독자들의 삶의 질을 높이는 데 도움이 되는 정보인가? 이들에게 필요한 지적 효능감을 주는가? 독자들이 감동, 분노, 흥미를 느낄 만한 스토리가 있는가? 기존에 보도된 뉴스에서 미처 다 전하지 못한 의미 있는 정보가 있는가? 등이 아이템을 선정하는 중요한 기준으로 작용한다. 즉, 사건의 시의성이나 파급력이 떨어지거나 '물 먹은 뉴스'라 할지라도, 구독자들에게 만족감과 효능감을 주거나 새로운 접근이 가능하다면 훌륭한 아이템이 될 수 있다.

이유가 무엇일까? 뉴미디어에서 독자의 손끝은 오로지 그들의 관심과 취향에 따라 다른 곳을 향한다. 독자들은 1분 1초도 그냥 내어주지 않는다. 디지털 구독 플랫폼 미디어스피어의 강정수 CSO는 뉴미디어 세계에서 일어나고 있는 변화로 '선형성의 종말The end of linear TV'을 꼽았다.

예전에는 방송국이 프로그램 편성을 일방적으로 결정하고 독자들은 그에 따라 미디어를 소비할 수밖에 없었지만, 이제 그런 시대는 끝났다는 것이다. 이용자들이 보고 싶은 시간에, 보고 싶은 콘텐츠만 골라 보는 세상이다. 이 같은 세계에서는 기자의 출입처보다 콘텐츠가 구독자들의 삶과 얼마나 더 밀접하고 관계성을 가지고 있는지가 훨씬 더 중요하다.

● '킬링 아이템'은 대체 어디에?

처음 뉴미디어부에 왔을 때는 이런 생태계를 몰랐다. 심기일전하고 주력한 건 주요 정부 부처에서 하는 브리핑 위주의 속보 콘텐츠였다. '출입처 의제=구독자 의제'라고 단단히 착각한 탓이었다. 물론 결과는 참담했다. 고생해서 뉴스 밥상을 차려도 파리만 날렸다.

이용자들에게 정부 브리핑은 관심 사안이 아니라면 텍스트 기사로 훑어보는 것만으로도 충분했다. 굳이 긴 시간을 들여 브리핑 영상을 처음부터 끝까지 꾸역꾸역 들을 필요가 없었던 것이다. 독자의 관심이 어디에 있는지를 찾는 일이 시급한 과제로 떠올랐다.

결국 우리가 킬링 아이템을 찾기 위해 향하는 곳도 미디어 이용자들이 있는 곳이었다. 기본적으로 출입처의 일정과 SBS 의 제보란, 조간신문, 국제 뉴스도 모니터해야 하지만, 구글과 트위터의 실시간 트렌드로 다양한 이용자의 관심 이슈를 파악했다. 이용자들이 자주 찾는 커뮤니티 등의 게시판에서 이들이 관심 있게 이야기하고 있는 이슈를 파악하기 위해 많은 시간을 들였다.

또한 메인뉴스인 〈SBS 8 뉴스〉 가운데 온라인상에서 전날 가장 많이 주목받은 뉴스를 아이템으로 채택해, 뉴미디어 플랫폼에 맞게 새롭게 제작하기도 했다. 이런 아이템들은 보통 톱뉴스보다는, 앞서 말한 독자들의 삶과 밀접한 관련이 있거나 마음을 움직이는 스토리가 있는 뉴스였다. 1분 40초의 짧은 리포트로는 다 담아낼 수 없는 생생한 인터뷰와 스토리텔링으로 반향을 일으킨 적도 적지 않다.

특히 뉴미디어 세계에서는 타깃 독자를 위한 아이템 선정이 중요해졌다. 금융·경제 뉴스레터를 제작하는 미디어 스타트업 '어피티'도 아이템을 선정할 때부터 자신들의 타깃 독자인 2535세대와의 접점을 중요하게 고려한다고 한다. 콘텐츠에도 구독자를 중심으로 이것이 나에게 좋은지 나쁜지, 왜 알아야 하는지, 어떻게 대비해야 하는지를 담아내기 위해 노력하고 있다.

독자들의 댓글을 기반으로 아이템을 정하는 미디어도 있다. 『머니투데이』의 남형도 기자는 「남기자의 체험리즘」을 연재하며 독자들과 댓글로 활발하게 소통하고 있다. 남형도 기자는 "독자들이 남기는 아이디어 덕에 아이템 고갈은 없다"고 말한다. 그는 '2019 KPF 저널리즘 콘퍼런스'에서 "기성 언론은 전면적으로 뉴미디어에 들어가, 독자가 원하는 요구를 판단하고 어떻게 자극을 줄지 줄기차게 시도해야 한다"고 말했다. 그의 말대로 첫 단추는 독자의 니즈를 파악하는 것이다.

언론보다 이 포인트를 더 중요하게 잡아내, 공격적으로 뛰어드는 유튜버가 있다. 유튜브 크리에이터 진용진이다. 그는 '그것을 알려드림'이라는 코너를 통해 언론이 잘 다루지 않지만 일상생활에서 궁금한 것을 제보받아 취재하는 콘셉트로 화제를 모았다. 현재 이 채널의 구독자는 220만 명이 넘는다. 콘텐츠마다 "평소에 궁금하지만 내가 알아보긴 그렇고 시간 쓰고 싶지 않은 궁금증을 댓글이나 밑에 (카페, 이메일) 주소로 적어주시면 그 궁금증 제가 해결해드리겠습니다"라는 클로징을 남긴다. 실제 댓글에는 궁금증을 남기는 구독자가 많고, 가장 많은 '좋아요'를 받은 댓글은 다음 콘텐츠가 되기도 한다. 이용 자의 니즈를 제대로 파악한 사례다.

일반 기자들처럼 자신의 담당 분야에 국한해 기사를 쓸 필 요 없이, 독자의 시선으로 세상을 보고 소통할 수 있는 건 뉴미 디어 기자의 강력한 매력인 것 같다. "현장에 답이 있다"는 기 자들의 오래된 명제 못지않게, 뉴미디어 시대에는 이 말이 중 요한 명제가 될 것 같다. "독자에게 답이 있다."

진용진이 '그것'을 알려드림

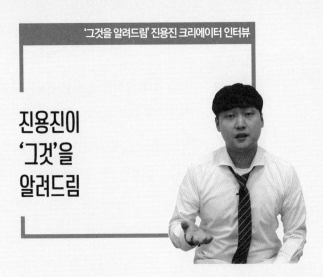

일상 속 궁금증을 취재해 '그것을 알려드림' 콘텐츠를 제작하는 유튜버 진용진 크리에이터. 그의 채널은 구독자가 220만 명을 넘어섰고, 그는 지상파 방송사와 협업해 콘텐츠를 제작하는 기획자로 성장했다. 그의 채널 콘텐츠에는 구독자와 콘텐츠에 대한 진지하고도 남다른 고민이 담겨 있다. 그 기발한 콘텐츠를 만드는 아이디어는 도대체 어디서 나오는 걸까? 그에게 그 비결을 물어보았다.

'그것을 알려드림'의 소재가 매우 신선합니다. 어떻게 아이템을 발굴하나요?

구독자분들이 댓글이나 메일로 질문을 많이 주세요. 그걸 조금만 가공하면 굉장히 새롭게 창조할 수 있거든요. 콘텐츠의 절반 이상이 구독자의 질문에 대한 답인 것 같아요. 평소에 관심이 없었던 것들도 하나하나 살펴보고 팀원들과 이야기를 많이 나누고요. 특히 '남들이 귀찮아서 안 알아보는데, 알면 유용하고 재미있는' 소재에 초점을 맞추어서 아이템의 성격을 분명하게 했지요. 이런 걸 보고 싶은 분들이 많이 찾아주시는 것 같아요.

구독자분들의 질문이나 반응이 적극적인데, 소통하기 위해 어떤 노력을 했나요?

구독자분의 질문을 보고 '이건 해야겠다'는 생각이 들면, 제작하기 힘들거나 조회수가 안 나올 것 같은 소재라도 열심히 해서 어떻게든 해결해보려고 해요. 몇 달씩 걸리는 것도 있고요. 저는 그게 소통이라고 생각해요. 그런 것들이 쌓여서 질문을 많이 주시는 듯해요.

콘텐츠마다 반응이 좋은데, 제작할 때 가장 중요하게 생각하는 부분이 있나요?

구독자분과 입장을 바꾸어보는 거예요. 하다못해 영상을 올리기 전에 유튜브 메인화면에 섬네일을 포토샵해서 가상으로 올려보기도 했어요. 독자들이 다른 영상을 하나도 보지 않고 내 영상을 클릭할 수 있을까? 그렇게 생각해볼 정도로 간절하게 연습했지요.

선을 넘지 않으면서 재미있게 만들어야 한다는 부담이 있을 것 같은데, 가이드라인이 있나요?

요즘 들어 더더욱 그런 것 같아요. 코로나19 때문에 다들 화도 나 있고요. 막말로 그냥 조회수가 나오게끔 자극적으로 만드는 건 어렵지 않은데 혹시 누가 불편해하지 않을까, 아픔을 느끼지는 않을까, 이게 과연 웃을 일일까 하고 생각하다 보면 한도 끝도 없거든요. 그래서 솔직히 콘텐츠가 점점 재미없어지고 있기는 해요. 갈수록 가이드라인 정하기가 더 힘드네요.

화장실 장기 매매 광고에 적힌 번호로 전화하는 콘텐츠는 좀 위험해보이기도 했어요.

당시에는 되게 괜찮은 척했지만 불안불안했어요. 장기

매매 업체가 당장 해코지를 할 거라는 생각보다는, 혹시 저의 약점을 잡아서 끌어내리지는 않을까 하고요. 사실 유튜브 신고 정책이 걱정되기도 했죠. 그 콘텐츠 이상으로 위험한 건 없어요. 이제 그런 콘텐츠는 웬만하면 지양하고 경찰에 신고하는 쪽으로 하고 있어요.

가장 뿌듯했던 콘텐츠는 무엇이었나요?

'보이스피싱' 관련 콘텐츠예요. 사기꾼과 통화하고, 막 욕도 했는데(웃음). 구독자들은 되게 통쾌하면서도 공감이 갔나 봐요. 제일 뿌듯했던 경험은 어떤 구독자가 "나도 걸릴 뻔했는데, 이 영상을 보고 당하지 않을 수 있었다"고 이야기해주신 일이었어요.

유튜버가 되기 전에 방송국 PD에 지원하실 생각은 없었나요?

최근에는 모 방송사와 같이 작업도 하게 되었는데, 사실 인생이 그렇잖아요. 원래 제 꿈이 영상 제작이었던 건 아니에요. 처음에는 음악과 랩을 하면서 배달 일을 했어요. 그런데 배달 일이 많이 고되어서 퇴근하면 그냥 쓰러져 자는 게 일이더라고요. 랩 하는 시간보다 배달하는 시간이 더 많아져서 다른 일을 찾아보았어요. 제가 상업

고등학교 출신이어서 영상 편집을 조금 할 줄 알았는데, 시급으로 8,000원을 주는 편집자 자리가 있더라고요. 센 시급이었죠. 그때부터 프리랜서로 편집을 시작했고, 자연스럽게 유튜버가 되었어요.

'그것을 알려드림' 채널은 지상파 채널과 어떤 차별점이 있나요?

'면面'을 차릴 필요가 없다는 게 다른 점 같아요. 제 채널은 어떤 지시나 보고 없이 제 마음대로, 제 시각에서, 제 친구들의 궁금증을 해결하는 것이니까요. 지상파 채널은 아무래도 기존의 노하우가 쌓여 있기도 하고, 위에 보고도 해야 하다 보니 완전히 획기적인 시도를 하기는 힘든 부분이 조금 있을 것 같아요. 유튜브에서는 정해진 게 없다 보니 휴대전화 하나로도 이것저것 다 시도해볼 수 있어요. 그러다 보면 다양한 콘텐츠가 나오고, 반응이 좋은 콘텐츠는 좀더 발전시킬 수 있지요.

유튜브 영상 제작자가 보기에 지상파 방송사의 뉴스는 어떤가요?

저 같은 사람이, 저희 엄마가 알아듣기 쉽게 말하는 게 제일 말을 잘하는 거잖아요. 미디어가 경제문제 같은 것도 알아듣기 쉽게 설명해주면 좋을 것 같아요. 예를 들어 '정부가 조속히 어떤 정책 결정을 내려 추진할 계획이다'라는 표현보다는 '정부가 빨리빨리 하려고 한다'고 해도 될 것 같은데 말이죠. 하하.

일각에서는 언론의 대안적인 역할을 하는 것 아니냐는 이야기도 나온 적이 있는데, 어떻게 생각하나요?

저는 어떤 저널리스트 교육을 받은 사람이 아니고, 그냥 일반인의 시각에서 보는 거예요. "엄마, 목욕탕은 한 달에 수도 요금이 얼마나 나와?" 이런 질문을 던지는 거죠. 뉴스에서 다루는 소재는 아니잖아요. "내가 알아보았는데 이렇다"라고 이야기하는 그냥 유튜버예요.

마지막으로 구독자들에게 하고 싶은 이야기가 있다면요?

제 이름, 진용진을 기억해주시면 좋겠습니다. 하하. 저는 앞으로도 이렇게 여러분과 함께 늙어가고 싶습니다.

제2장 ▶

콘텐츠가
경쟁력이다

‖ ▶‖ ◀))

〈SBS 8 뉴스〉
톱기사는 잊어라

"자, 오늘 톱뉴스는 무엇으로 할까요?"

"오늘 조간 1면이 다 이걸로 장식되었던데 어때요?"

"그래도 정치권 발표로 가는 게 맞지 않을까요?"

"우리 단독 아이템으로 가는 건 어때요?"

아침부터 그날 저녁 '8시 뉴스'의 톱기사를 정하느라 분주한 편집회의는 대략 이런 식으로 흘러간다. 신문에서는 1면이, 방송에서는 톱이 중요하다. 톱기사는 그날 보도국이 가장 중요하다고 여긴 이슈, 가장 힘을 주어야 한다고 생각하는 소식, 단독이나 기획 보도 등 우리만의 정체성을 보여줄 수 있는 기사가 주로 오른다. 각 언론사별로 그날의 톱을 무엇으로 정했는지 살펴보기만 해도 보도의 방향과 색채가 느껴진다. 기자라면 누구나 한 번쯤은 톱을 장식하는 독보적인 기사를 쓰고 싶다는 마음을 가지고 있다. 그만큼 '우리에게' 중요한 게 바로 톱기사다. '우리'에게, 그러니까 '기.자.들'에게 말이다.

언론사의 '톱'은 대중에게도 '톱'일까? 그렇지 않은 경우가 더 많다. 다음은 〈SBS 8 뉴스〉의 톱을 장식했던 주요 기사들이다. 독자들에게는 몇 개나 선택받을 수 있을까?

- "요소수, 당장 급하다" 대책 나와도 긴 줄 '여전'
- 북한, 미사일 발사…극초음속 개발 가능성
- 추석 연휴 고속도로 정체…휴게소 실내 취식 불가
- 피로 물든 카불 공항…IS 자폭 테러에 240여 명 사상
- 보건의료노조 막판 협상…'5가지 쟁점' 못 풀면 총파업
- 언론중재법 상정 합의…8인 협의체 구성
- '직장 내 괴롭힘 금지법' 2년…"지금도 한 달 100건꼴 신고"

그날의 뉴스 영상은 거의 실시간으로 홈페이지나 유튜브에 클립으로 업로드되는데, 이용자들의 반응을 보면 그날의 톱뉴

스가 실제로 가장 많은 관심을 받는 경우는 매우 드물다. 방송사들은 뉴스가 진행되는 중간에 시청자들이 채널을 돌리는 것을 막기 위해 주목도가 높은 사건 사고 기사들을 앞으로 배치하는 전략을 쓴다. 비록 뉴스 순서는 뒤로 밀렸지만, 조회수나 댓글 반응에서는 톱뉴스보다 앞서는 경우가 많다. 물론 조회수가 모든 것을 대변하지 않지만, 대중의 관심과 선택을 언론사가 주도하기 어려워진 것은 분명하다.

대중이 이슈를 선택한 후 소비하는 방식도 그렇다. 언론사가 정해놓은 시간에 구애받지 않는다. 어떤 기사는 3초 만에 '뒤로 가기'를 눌러 탈출하고, 어떤 기사는 정독에 정독을 거듭하고 자신의 SNS에 공유해 저장까지 했을지 모른다. 어떤 이슈는 유튜브에서 검색해 영상을 찾아보고, 어떤 이슈는 나무위키에서 궁금한 점을 해결한다. 페이스북이나 트위터에 우연히 올라온 뉴스 링크를 보고 솔깃해 클릭하기도 한다. 여전히 기존의 방식으로 종이신문을 읽고, 저녁 뉴스를 본방 사수하는 사람도 있을 것이다.

뉴스를 접할 수 있는 시공간의 제약이 사라지고 뉴스를 소비하는 방법이 다양해진 세상. 언론사의 고민은 깊어지고, 발등에는 불이 떨어졌다. 선택받는 뉴스, 살아남는 뉴스는 과연 무엇일까?

👍 '당연히 볼 것'이라는 생각은 큰 오산

뉴스의 디지털화와 뉴미디어화가 한창 화두였을 때, 많은 방송사는 2분 내외 뉴스 한 꼭지를 그대로 유튜브에 옮기기만 하면 된다고 생각했다. '일단 공급하면 당연히 보겠지'라는 생각이었던 건데, 슬픈 현실은 아직도 이렇게 생각하는 사람이 적지 않다는 것. 안일하고, 안타까운 판단이다.

방송 뉴스는 대부분 앵커의 리드 멘트에 이어 기자의 멘트가 뒤따라 나오는 형태. 방송 뉴스가 아주 오랜 시간 고집해 온 형식이라 익숙할 뿐, 유튜브라는 플랫폼에서 통용되는 구성이나 영상 문법과는 괴리가 상당하다. 어쩌다 조회수가 폭발한 뉴스가 있다면, 형식이 아닌 소재 그 자체 때문이었다. 방송사들이 안일하고 소극적인 태도로 유튜브라는 새로운 플랫폼을 대하는 동안 새로운 미디어들은 우후죽순 생겨났다.

앞서 말한 기존 언론사가 만든 '부캐'들은 이런 현실에서 살아남기 위해 찾은 대안 모델들이다. 유튜브의 뉴스 채널들은 오리지널 콘텐츠든, 재가공 콘텐츠든 하루에 제작 가능한 영상의 개수가 정해져 있다. 인력 등 제작 여건의 한계 탓도 있지만, 무엇보다 채널의 정체성을 유지하면서도 독자들의 관심에 맞는 콘텐츠를 선별해 공들여 제작해야 하기 때문이다(양으로만

승부해서는 안 된다는 뜻!).

비디오머그(SBS), 엠빅뉴스(MBC), 크랩(KBS)은 하루에 양질의 콘텐츠 3~4편을 만드는 데 공력을 집중하고 있다. 이 때문에 그날의 아이템을 선정하는 기준도 무척 중요하다. 구독, 댓글, 좋아요처럼 적극적인 상호작용을 끌어낼 수 있는 아이템을 주로 찾다 보니 저녁의 메인뉴스 톱기사와 유튜브 채널에서 제작한 콘텐츠는 반드시 일치하지 않는 경우가 많다. 이 콘텐츠들은 의도적으로 기존 뉴스와 차별화하기 위해 노력하기도 한다. 정말 내가 알고 싶은 이슈, 내가 궁금한 이슈를 말해주는 채널을 찾는 사람들에게 선택받으려는 생존 전략이기도 하다.

조회수에
숨겨진 비밀을 분석하라

'SBS 뉴스'의 유튜브 채널은 2014년에 개설되었다. 그 후 현재까지 가장 조회수가 높았던 영상은 무엇일까? 2022년 1월 기준으로 수많은 사건 사고, 대형 이벤트를 제친 조회수 1위는 '백종원 "진짜 너무 하신 거 아닙니까?" 국회의원 질문에 반박한 국정감사장의 백 선생'(조회수 1,892만 회)이다. 백종원 대표가 국회의 국정감사에 출석해 '골목상권과 먹자골목을 혼동하면 안 된다'며 국회의원의 질문에 맞섰던 영상이다.

편집이 독특했던 것도 아니고, 섬네일이 대단히 새로운 것도 아니었다. 하지만 이 영상은 몇 년이 지난 지금까지도 꾸준히

SBS 뉴스 유튜브 채널 누적 조회수 1위인
'국회의원 질문에 반박한 국정감사장의 백 선생' 영상.

댓글이 달리고 있다. 특별할 게 없는 이 영상, 왜 이렇게 많은
사람이 찾아보았을까?

"백 대표님 가맹점이 손님을 다 빼앗아간다고 합니다. 중견기업이
됐는데, 이젠 출점을 제한할 생각이 없습니까?" (정유섭 당시 자유한
국당 국회의원)

"저희 가맹점주들이 똑같은 자영업자들입니다. 가맹점을 잘 키워 점
주가 잘 벌게 해준 것뿐인데 무슨 잘못인지 모르겠습니다. 너무하신

것 아닙니까. 골목상권과 먹자골목을 혼돈하시면 큰일 납니다. 강남역 먹자골목이 영세상인들이 들어가는 데가 아니지 않습니까?"(백종원 더본코리아 대표)

정답은 댓글에 있었다. 백종원 대표의 항변은 많은 사람의 공감을 샀다. 누리꾼들은 '요리나 식당 운영을 잘 모르는 내가 봐도 답답하다', '전교 상위권 학생에게 다른 애들 기죽는다고 공부 그만하라고 하는 거랑 똑같다' 등등 쓴소리를 하거나, 최근까지도 '나는 우울할 때 이 영상을 본다'는 댓글이 달릴 정도로 속 시원하게 공감을 이끌어낸 영상이었다.

다른 뉴스 채널의 인기 영상만 살펴봐도 '공감'은 중요한 키워드다. 2022년 1월 기준으로 MBC 뉴스의 유튜브 채널에서 가장 많이 본 영상은 2020년 5월에 보도된 '하루 18시간 노역…병들어 숨지면 바다에 버려'(조회수 1,009만 회)였다. 중국 어선에서 발생한 인도네시아 선원들의 끔찍한 죽음과 인권 침해 실태를 조명한 방송 뉴스 영상인데, 국적과 상관없이 많은 독자의 분노를 이끌었다. 이 소식을 보도해주어 고맙다는 인도네시아 독자들의 반응까지 더해지면서 6만 개가 넘는 댓글이 달리기도 했다.

KBS 뉴스의 유튜브 채널에서 가장 많이 본 영상은 43초 분량의 '경찰에게 딱! 걸린 생후 10개월 아기 운전자'(조회수 721만 회)였다. 경찰인 아빠가 퇴근길 자동차 모양의 유모차를 타고 자신을 마중 나온 생후 10개월 된 아기를 단속하는 것처럼 '연기'한 영상인데, 아기의 치명적인 귀여움에 공감한 많은 독자가 '당신은 옹알이를 할 권리가 있고 엄마를 선임할 권리가 있습니다', '10개월이면 무면허네', '우유 한 잔 먹었는데 걸리다니' 등의 댓글 놀이를 이어가고 있다.

👍 잡힐 듯 잡히지 않는 조회수

조회수는 말 그대로 콘텐츠를 얼마나 많은 사람이 선택했는지 보여준다. 자극적인 섬네일이나 제목으로 이른바 '어그로'를 끄는 경우를 제외하면, 높은 조회수는 좋은 콘텐츠의 지표다. 당연히 중요하게 여겨야 할 수치인데, 조회수에 신경을 쓰는 기자는 생각보다 많지 않다. 기사의 조회수를 따지는 게 좀스럽고 민망한 일이라고 여기며 현실을 부정하는 경우도 있다.

그런데 한 번 신경 쓰기 시작하면, 퇴근은 없다. 시청률은 다음 날 아침에 떡 하니 나와 잠이라도 편히 잘 수 있는데, 조회수는 그렇지 않다. 주식 호가 창을 들여다보듯 잠들기 직전까지 무한 '새로고침'하며 조회수에 일희일비하게 된다. 한 번 공개한 영상은 쉽게 돌이킬 수 없으니 공개 직전까지 섬네일과 제목, 도입부 등의 요소도 고민하지 않을 수 없다.

서울에서 3시간 반 걸려 도착해, 유명 작가 A를 인터뷰한 적이 있다. 이름만 대면 누구나 알 수 있는 분이라 섭외가 되었다는 사실에 설렜고 독자들의 반응도 좋으리라는 기대가 있었다. 영상미를 더하기 위해 드론 카메라에 ENG, DSLR, 오스모까지 카메라만 다섯 종류를 챙겼다.

이렇게 공을 들였지만 이 영상은 아직도 조회수 3,000대를 넘기지 못하고 있다. 돌이켜보면 패인敗因은 공감을 얻지 못했기 때문이다. 작가의 예민한 심기를 건드리지 않으려고 신경 쓰느라, 정작 독자들이 궁금해할 만한 질문은 제대로 던지지 못했다.

이렇게 애써 만든 콘텐츠가 초라한 성적표를 남기는 일은 적지 않다. 그럴 때는 다음 날 출근길에 얼굴은 흙빛이 된다. 괜히 섬네일을 바꾸어도 보고, 심지어 아무 일도 없었던 척 '재업로드'를 감행하기도 하지만 이미 소모된 콘텐츠는 다시 빛을 보기가 어렵다.

👍 특별하지 않은 걸 특별하게 만드는 힘, '공감'

반대로 예상과 달리 조회수가 치솟는 경우도 있다. 섬네일도, 제목도, 구성도 특별할 게 없는데 조회수가 빵! 터지는 콘텐츠들. 이쯤 되니 조회수도 물론 중요하지만, 정말 중요한 것은 따로 있다는 결론에 도달하게 된다. 섬네일이나 제목 같은 걸 포장도 큰 역할을 하지만 내용이 알차지 않으면 어그로에 그칠 뿐이다.

공감을 챙기면 조회수는 자연스럽게 따라온다. 조회수가 높은 콘텐츠를 살펴보면 첨예하게 대립하는 이슈를 다루거나, 감동적이고 의미 있는 메시지를 전하거나, 맥락을 효과적으로 설명해 공감을 불러일으키는 데 성공한 콘텐츠들이다. 당연한 이야기 같지만 사실 제일 어렵고, 복잡하고, 까다로운 일이다.

비디오머그에서 가장 인기가 높았던 영상은 '불난 집 앞 불법주차 차량 ☞ 이제는 그냥 밀어버립니다^^'(조회수 1,564만 회)였다. 출동 골든타임을 사수하기 위해 불법 주차 차량들을 강제처분하는 서울시 소방재난본부의 훈련 모습을 편집한 영상이었다. 소방차가 긴급 출동할 때 불법 주차 차량이 통행에 방해가 된다면 강제처분해도 되고, 손해배상책임을 소방 당국이 배상하지 않아도 된다는 내용이었다.

소방관들이 단속할 때 실제로 어떤 어려움을 겪고 있는지, 왜 이런 훈련이 필요한지 사람들은 맥락을 이해하고 공감했다. '강제처분 강력 응원합니다', '폐차보다 중요한 게 생명이다', '소방관분들이 심적 부담을 안 느끼는 게 중요하다. 너무 통쾌합니다' 등의 댓글이 달렸다.

사람들은 콘텐츠에 공감할 때 더 오래 보고, 좋아요를 누르고 댓글을 단다. 주변 사람들에게 링크를 공유하기도 한다. 플랫폼들은 이렇게 상호작용이 활발한 콘텐츠를 '추천 영상' 등으로 우선 노출하는 알고리즘을 탑재하고 있다.

예를 들어 유튜브는 이용자들의 시청 지속 시간을 중요한 근거로 삼고 콘텐츠의 품질을 판단한다. 틱톡 등 다른 SNS 플랫폼에서도 댓글, 공유, 좋아요 등 적극적인 상호작용이 있을 때 추천 알고리즘에 반영한다. 다시 말해 살아남는 콘텐츠는 단순히 조회수가 높은 콘텐츠가 아니라, 댓글·공유·좋아요 등 상호작용을 유도하는 콘텐츠다. 조회수는 상호작용을 성공적으로 유도했을 때, 자연스럽게 따라오는 숫자다.

통한다는
짜릿함을 선사하라

"뉴스는 생방송이죠?" 취재를 다니다 보면 의외로 자주 받는 질문이다. 공급자의 입장에서 처음에는 황당하고 의아했다. 어떻게 생방송이 아닐 수도 있다고 생각할까? 그런데 시청자와 뉴스 소비자 입장에서 그 이유를 생각해보니 '그럴 수도 있겠다'는 결론에 도달하기까지 그리 오랜 시간이 걸리지 않았다.

뉴스 공급자에게 뉴스가 진행되는 1시간 남짓한 시간은 살얼음판이다. 뉴스가 시작되고 끝나는 순간까지 정확한 최신 정보를 담기 위해 팩트체크와 속보 체크가 이루어져야 한다. 또 생방송인 뉴스가 시쳇말로 '빵꾸 나지 않게' 제작 과정을 챙겨야 한다.

다음 순서로 나가야 하는 리포트가 편집이 끝나지 않아 큐시트에 반영되지 않으면, 뉴스센터 마이크를 통해 "○○○(리포트를 맡은 기자 이름) 되나요?"라는 소리가 편집실 전체에 울려퍼진다. 기사 작성 프로그램에 옮겨 담을 시간도 없이 앵커에게 속보를 전달해야 하는 경우도 있다. 새로 들어온 소식이라도 있으면 취재기자가 생방송이 진행 중인 스튜디오까지 기사를 들고 전속력으로 달리는 일도 여전히 벌어진다.

👍 시청자와 소통하지 않는 방송 뉴스

하지만 정작 시청자는 이런 긴장감을 느낄 기회가 없다. 시청자까지 긴장감을 느낄 정도면 대형 방송 사고일 테니 그런 일은 없어야겠지만, 뉴스에서 보이는 모습들이 동시간대에 진행되고 있는 일들이라고 느낄 생동감의 요소가 많지 않다. 그 이유는 사실 소통의 부재에 있다. 뉴스가 진행되는 동안 시청자라는 존재를 실시간으로 수용할 공간이 사실상 없다. 시청자는 공급자의 판단에 따라 만들어진 뉴스를 받아들이기만 해야 한다.

수십 년 동안 이어진 뉴스의 형식이라 기성세대에게는 전혀 어색하지 않은 방식이지만, 유튜브 '라방(라이브 방송)'에 익숙한 지금의 세대에게는 굉장히 일방적이고 답답한 콘텐츠 제공 방식이다. 개인 유튜버들은 "○○○님, 오셨어요", "저는 오늘 저녁에 돈가스 먹었는데. 아, ×××님은 김밥 드셨구나"와 같은 소통을 통해 독자와의 거리감을 좁힌다.

독자들은 그런 관계 속에서 채널이 전하는 정보와 이야기에 더 몰입하고, 이러한 과정을 통해 채널에 대한 충성도가 높아진다. 그에 반해 방송 뉴스에서는 시작할 때 "시청자 여러분, 안녕하십니까", 끝날 때 "시청자 여러분, 고맙습니다"라고 말하는 두 순간이 방송 중에 시청자가 불리는 유일한 순간이다.

메인뉴스의 2049 시청률[*]을 고민하는 한 선배에게 제안을 한 적이 있다. 앵커가 뉴스 스튜디오에 서서 "시청자 여러분, 안녕하십니까"라고 말하는 오프닝 대신, 매일 다른 뉴스 현장에 앵커가 가서 셀카로 직접 촬영하며 "시청자 여러분, 안녕

2049 시청률 ●

전체 가구시청률에서 20~49세 연령대인 시청자들의 개인별 시청률을 별도로 집계한 수치다. 최근에는 가구시청률보다 중요한 지표로 꼽히고 있는데, 경제활동이 활발하고 소비력이 강한 연령대라 프로그램의 광고 효과를 가늠하는 척도로 쓰이기도 한다.

하십니까. 저희는 오늘 ○○○에서 뉴스를 전해드립니다"라고 하는 건 어떻겠느냐고, 뉴스 화면의 하단에는 유튜브나 아프리카TV의 채팅창처럼, 시청자들이 실시간으로 보내는 의견을 띄워주자는 의견도 더했다. 선배는 고개를 흔들며 '그게 되겠냐?'고 했다. 공급자들의 머릿속에 굳게 박혀 있는 인식을 바꾸는 일은 쉽지 않다.

👍 "우리가 무엇을 알아볼까요?"라고 묻는 미디어

문제는 뉴스 소비자들이 방송 뉴스와 유튜브 뉴스의 경계선을 이미 지웠고, 다른 유튜브 채널과 마찬가지로 뉴스에서도 '소통을 기반으로 한 콘텐츠'를 선호한다는 점이다. 수용만 하는 게 아니라 함께 만들어간다는 느낌을 선사하는 것, 결국 이것은 채널에 대한 충성도로 이어질 수 있다.

미국 언론계에서 가장 성공한 뉴미디어이자 '설명explained 저널리즘'의 새로운 지평을 열었다고 회자되는 복스 미디어. 이 채널의 유튜브 구독자수는 1,020만 명을 넘어섰다. 유튜브 구독자수만 보면 미국 『뉴욕타임스』나 영국 『가디언』의 수배에 달한다. 복스 미디어의 역대 콘텐츠 중 가장 인기 있는 다큐

멘터리 시리즈로 꼽히는 '보더스Borders'는 이용자와의 소통을
제작 과정의 일환으로 끌어들인 대표적인 콘텐츠다.

출연자이자 제작자인 기자 겸 프로듀서 조니 해리스가 세
계 곳곳의 국경지대를 다니며, 서로 다른 지역과 문화가 혼재
되어 발생하는 국경지대만의 독특한 특성을 다루는 콘텐츠다.
2017년부터 코로나19가 확산되기 직전까지 4개의 시즌을 거
쳤다. 그는 취재 장소가 정해지면 자신의 개인 SNS 채널 등을
통해 이용자와 지역사회 주민들에게 의견을 구했다. 무엇을 알
아봐야 하는지, 어떤 주제를 다루어야 하는지, 어느 곳을 찾아
가야 하는지 등을 말이다.

이런 과정은 오롯이 콘텐츠에 반영되었다. 내용으로는 물론
이고 의견 수렴 과정 자체를 영상 등으로 담아냈다. 이용자들
이 '함께한다'는 공감을 바탕으로 결과물이 나올 때까지 기대
하고 기다리게 만드는 셈이다. 언론사가 독자와 시청자의 제보
를 받아 취재하는 것보다 한걸음 더 나아간 적극적인 소통의
대표적인 예다.

👍 댓글도 읽어주고, 별도 달아보자

한국에서도 기성 언론사가 버티컬 채널을 통해 새로운 실험을 하는 경우가 있다. 2018년 8월 시작한 KBS의 '댓글 읽어주는 기자들(댓읽기)'은 이용자의 '댓글'을 기획의 중심으로 끌고 들어온 '본격 소통 콘텐츠'라고 평가받았다. 뉴스에 남겨진 댓글에는 난해한 질문과 난감한 비난이 많은데, 이를 피하지 않고 적극적으로 다루겠다는 태도 자체가 기존의 방송 뉴스와는 차이가 있다.

진행을 맡아온 김기화 기자는 한때 독자들의 댓글을 모두 읽고 '대댓글(댓글에 대한 댓글)'을 달아주는 것으로 화제가 되기도 했다. 김기화 기자는 이 과정에 대해 "시청자는 언론이 어떤 과정을 통해 취재하고 보도하는지 무척이나 궁금해했고, 나 혼자 전부 답변할 수 없을 정도로 많은 질문이 쏟아졌다"며 "시청자와 기자 사이의 이른바 '제4의 벽'이 무너지는 소비자 경험, 이런 과정이 매우 중요하다고 생각한다"고 평가했다. 독자와의 소통은 뉴스 생산자가 관성에 젖지 않고, 공급자의 세계에 갇히지 않게 해주는 자극제이기도 하다.

우리도 그런 짜릿함을 경험한 적이 있다. 2018년 4월 판문점에서 남북정상회담이 열렸던 때였는데, 당시 비디오머그 팀은

2018년 남북정상회담을 소개한 비디오머그 영상의 오른쪽 상단에 별을 띄운 모습.

현장에서 보내오는 영상 중 인상적인 장면들을 재구성해 2분 남짓한 짧은 클립으로 기민하게 제작해 업로드했다. 당일 비디오머그 팀이 만든 영상은 20편에 달했는데, 새로운 영상이 계속 올라오니 독자들도 신기했나 보다. 한 독자가 이런 댓글을 달았다.

> 무슨 영상이 20분마다 올라와요 ㄷㄷ 지금 감금당해서 영상을 억지로 만들고 있다면 다음 영상 1:21(1분 21초) 오른쪽 상단에 별을 0.3초 동안 띄우세요.

독자들의 반응에 한창 고무되어 계속 F5(새로고침) 키를 누르며 댓글 열독 중이던 부장이 키득거리며 말했다. "다음에 올라가는 영상 1분 21초에 0.3초 동안 별을 넣어보자." 영상에 별을 잠깐 넣는 게 어려운 일도 아니니, '다음 영상의 1분 21초에 0.3초간 별 그림 3개를 넣어서' 업로드했다. 예상외의 반응이 나타났다.

"실제로 일어났습니다"
"헐, 대박. 기자가 국민 소리 엄청 잘 들어"
"진짜 띄웠어 ㅋㅋㅋㅋㅋㅋ"

조금 웃기는 말이지만 '사람들이 우리 영상을 정말 보고 있구나'라는 체감이 드는 순간이기도 했다. 이후 비디오머그의 영상 한구석에는 별이 반짝이는 일이 종종 있었다. 소통의 방식에 정답은 없지만 목적은 같다. 독자와 시청자에게 '당신도 이 채널을 함께 만드는 사람'이라는 경험을 안겨주는 것이다. 미디어 범람 시대에 뉴스 생산자가 잊지 말아야 할 생존 키워드가 아닐까?

기자들만 할 수 있다는
착각을 버려라

　　『CNN』이 독도의 단독 표기를 독도와 다케시마의 병기로 수정한 것이 논란이 되었을 당시, 비디오머그 팀원 전체가 모여 있는 카카오톡 단체 대화방에서는 이런 대화가 오갔다.

에디터A　섬네일에서 서경덕 교수의 얼굴 크기를 좀 키울까요?

인턴B　　교수님이 일본 정부가 개입한 게 확실하다고 예언하는 내용이 재밌는데, 여기에 '궁예 드립'을 넣으면 어떨까요?

편집자C　아!!! 교수님 사진에 궁예 안대를 넣는 거 어때요?

인턴D　　재밌을 것 같아요!

콘텐츠가 경쟁력이다

『CNN』의 독도 표기 오기 관련 서경덕 교수 인터뷰를 담은 비디오머그 영상.

부장E   흠… 얼굴에 안대를… 서경덕 교수가 불쾌해할 수 있지
            않을까요?

기자F   그렇진 않을 것 같긴 한데, 혹시 모르니 한번 물어볼게요.

이 논란에 대해 서경덕 교수를 만나 인터뷰한 영상이었는
데, 이 영상의 섬네일을 어떻게 만들지 정하는, 말하자면 카카
오톡 '난상 토론'이다. 이 난상 토론에는 대학생 인턴도, 수십
년 경력의 부장급 기자도 모두 같은 위치에 있다. 기사 가치를
판단하고 좋은 기사를 쓰는 데 부장급 기자가 단연 베테랑이겠
지만, 어떤 섬네일이 더 많은 독자에게 선택받을 것인지는 대
학생 인턴이 더 좋은 판단을 할 수도 있다. 연륜이나 직급이 아

니라 누가 더 독자들의 마음을 꿰뚫고 있느냐가 중요하기 때문이다.

👍 이용자에게 가까이, 더 가까이

단순 서점을 뛰어넘어 문화 체험 공간으로 브랜딩에 성공한 일본 쓰타야서점의 CEO 마스다 무네아키는 "공급자는 단순히 제품을 만들기만 할 것이 아니라 고객들에게 어떤 새로운 경험을 제시할 것인지를 생각할 수 있어야 한다"고 말했다. 물성物性 있는 제품뿐 아니라 콘텐츠도 "철저히 이용자 중심으로 설계되어야 하고, 그것이 어떻게 이용자의 삶을 바꿀 수 있을지를 명확하게 제시해야 한다"는 것이 그의 철학이다.

앞서 강조해온 이용자와의 공감과 소통도 마스다 무네아키가 말하는 '이용자 중심의 설계'를 위한 과정의 일부라고 할 수 있다. 이용자 중심의 뉴스 콘텐츠를 만드는 일에서는 여기에 더해 잊지 말아야 할 것이 있다. 기자만 할 수 있다는 착각과 자만을 버리는 일이다. 갑자기 웬 기자의 잘난 척인가 싶을 수 있는데, 잘난 척이 아니라 기존의 방송 뉴스 제작 시스템에서는 취재기자가 총지휘자가 되는 경우가 대부분이다.

취재기자가 취재를 하고, 발제를 해서 채택이 되면, 영상 취재기자에게 취재의 의도를 설명하고, 편집기자와 디자이너에게도 어떤 내용을 어떤 방식으로 구현할지를 요청한다. 취재기자가 설계한 그림대로 제작이 진행되는 경우가 대부분이라고 해도 과언이 아니다.

이 시스템에서 오래 일한 기자들이 뉴미디어 분야로 넘어와서 겪는 주요 시행착오 중 하나가 자신의 판단을 과신하는 것이다. 모르면 들어야 하는데, 듣지 않고 자기 판단대로 진행하려는 경우가 많다. 시청자의 마음을 읽고 공감하기 위해서는 제작진부터 공감할 마음가짐을 가져야 한다.

👍 모든 구성원이 PD다

비디오머그는 초창기부터 모든 구성원이 함께 기획하고 구성한다는 운영 원칙을 세워 이를 지키려고 노력해왔다. 매일 아침 모든 구성원이 참여해 영상을 보고 의견을 나누는 회의를 전통문화처럼 지켜온 것도 이런 원칙 때문이었다. 물론 초창기에 비해 조직이 커지고 구성원이 늘면서 이제는 회의의 방식도 다양해졌지만, 격 없는 논의의 문화는 자리를 잡았다.

콘텐츠의 방향과 메시지는 기획 단계부터 제작에 참여하는 구성원 모두가 공유하려고 노력한다. 콘텐츠가 전하는 메시지는 단순히 글이 아니라 영상, 자막, 편집, 디자인, 음악, 마케팅 등 모든 제작 요소로 전달되기 때문이다.

보도국에서도 '시청자 중심의 뉴스를 만들자'고 매일 외치고 있다. 하지만 하루에 두 번 열리는 편집회의는 여전히 과거 방송 뉴스의 사고思考를 벗어나지는 못한다. 지상파 방송사에서 메인뉴스 시청률 비교표는 아직도 중요한 잣대이고, 회의에 참석하는 주체도 50대 부장급 취재기자가 대부분이다. 성별, 연령, 직능 등 어떤 기준으로 놓고 봐도 다양성이 부족하다. 요즘 방송 시장의 중요 판단 기준인 2049 시청률은 뉴스에서도 큰 고민거리 중 하나인데, 이런 고민을 정작 2049세대 없이 하고 있다는 것 자체가 아이러니로 느껴지기도 한다.

단순히 민주적인 조직문화를 위한 변화가 아니다. 생존을 위한 변화가 필요하다. 24시간 유튜브에 접속하는 독자들에게 뉴스란 아침이면 문 앞에 도착하는 신문도, 저녁 8시에 시작하는 방송 뉴스도 아니다. 뉴스 이용자들은 '때가 되면 올려주겠지' 하고 기다리지 않는다. 새로운 이용자를 과거의 방식으로 판단하려 할수록 멀어질 뿐이다.

아동복 가게에서는
아동복을 팔자

콘텐츠 이용자에 대한 연구를 강조하는 이유는 한 가지다. 우리 가게에서 무엇을 팔아야 하는지를 알기 위해서다. 손님들이 우리 가게에서 찾고자 하는 것, 사고자 하는 것이 무엇인지를 제대로 파악하지 못하면 생존 자체가 어려워진다. 손님들은 아동복을 원하는데 여성복만 팔고 있으면 그 가게를 다시 찾을 이유가 없을 테니까. 독자가 우리 채널에 원하는 것이 무엇인지를 찾는 과정은 채널의 정체성을 찾는 일이기도 하다.

그런데 알고리즘의 인도(?)를 받는 플랫폼 세상에서 이것을 찾아가기란 말처럼 쉽지 않다. 특정 콘텐츠의 조회수가 잘 나와도 왜 잘 나왔는지 물음표를 해결할 수 없을 때도 있다. 그렇지만 추이라는 것은 분명 있다. 만들고 싶은 대로 만들어서 올리고 끝나는 게 아니라, 데이터를 기반으로 사람들이 채널에서 어떤 영상에 좋은 반응을 보였는지를 연구하는 과정은 콘텐츠 제작 자체만큼이나 중요하다. 당연한 말 같지만, 의외로 이런 분석 없이 영상을 올리는 데만 집중하는 언론사 유튜브 채널도 적지 않다.

👍 우리 가게를 찾는 손님들은 어떤 사람인가?

스브스뉴스와 비디오머그는 모두 'SBS 뉴스'의 뉴미디어 채널이지만 구독자층은 전혀 다르다. 정치와 스포츠가 초기의 성장 기반이었던 비디오머그는, 이로 인해 구독자의 80% 이상이 20~40세 남성이다. 이와 달리 스브스뉴스는 10대 후반에서 20대 여성들이 주요 구독자층이다.

이렇게 주요 구독자층의 구성에 확연히 차이가 나면 콘텐츠의 내용뿐 아니라 같은 주제의 콘텐츠를 다루더라도 풀어나가는 방식이 다르고, 자막의 표현도 다르고, 하다못해 배경음악이나 효과음도 달라지는 경우가 많다.

스브스뉴스에서는 젠더, 트렌드, 환경 등을 다룬 콘텐츠가 좋은 반응을 얻고, 비디오머그에서는 고발성 사건 사고, 현장 취재물, 풍자성 정치 뉴스에 좀더 반응이 있다.

이런 분석을 계속해나가야 하는 이유는 무턱대고 인기 높은 콘텐츠를 따라 하는 우를 범하지 않기 위해서이기도 하다. 어느 채널이나 더디게 성장할 때가 있다. 채널 개설 후 초기에 자리를 잡지 못할 때도 그렇고, 어느 정도 성장을 이룬 뒤에는 '익숙함'으로 인해 정체기가 찾아오기 마련이다.

마음이 조급해지면 맛집으로 소문난 옆집에서는 도대체 무엇을 어떻게 팔기에 사람이 많이 오는지 들여다보게 된다. 그리고 분석 없이 '나도 저걸 만들어야지'라는 생각에 이르기 쉽다. 덮어놓고 따라 하는 것이 초기에는 성장의 동력이 될 수도 있지만 지속력은 오래가지 않는다.

👍 비디오머그에서는 안 팔리는 이유

비디오머그에도 비슷한 경험이 있다. MBC가 운영하는 뉴미디어 채널 일사에프는 비디오머그보다 몇 달 일찍 구독자 수가 100만 명을 넘어섰다. 그로 인해 버티컬 채널 중 가장 먼저 구독자수 100만을 넘은 채널의 영광은 일사에프가 가져가게 되었다. 솔직히 씁쓸했다. 한참 늦게 시작한 후발 주자가 우리를 앞서가는 모습을 보면 조급해지지 않을 사람은 별로 없을 거다. 비디오머그도 그랬다.

일사에프의 성장 동력이 된 킬러 콘텐츠는 '소비더머니'였다. 에르메스, 루이뷔통 등 명품을 시작으로 삼성, LG 등 국내외 기업과 브랜드의 역사와 성공 스토리를 10분 남짓한 영상에 맛깔나게 담아냈다. 기존의 경제 콘텐츠와는 확실히 차별점이 있었다. '지식 설명 콘텐츠'라는 분류는 새로울 것이 없었으나, '혹시 홍보가 되지 않을까' 하고 우려했던 기업의 이야기를 스토리 중심으로 끌고 와 친근하고 지루하지 않게 설명하는 흡인력 있는 스토리텔러(조현용 기자)를 내세웠다. 이 콘텐츠는 론칭 때부터 큰 호응을 얻었고, 조회수 100만이 넘는 영상도 여럿 등장했다.

옆집에서 지식 설명 콘텐츠가 잘 팔리니 요즘 독자들이 저런 걸 원하나 싶어서, 비디오머그도 2021년 초 기자들이 스토리텔러로 출연하는 지식 설명 콘텐츠 3~4개를 새로 시작했다. 기존의 주력상품이었던 고발성 사건 사고, 현장 취재물, 풍자성 정치 뉴스를 잠시 뒤로 미루고 지식 설명 콘텐츠 코너에 집중했다. 하지만 시리즈가 3회, 4회 이어지는데도 반응은 미온

적이었다.

그런데 이 기간에 간헐적으로 올리던 현장취재 콘텐츠 '실화냐' 시리즈는 조회수가 수십만 회가 나왔다. 결과적으로 스토리텔링 콘텐츠는 독자들의 선택을 받지 못했고, '실화냐' 시리즈는 선택을 받은 것이다. 비디오머그라는 가게에 오는 손님들에게 '소비더머니' 스타일의 콘텐츠는 매력이 떨어졌던 것이다.

차별화와 정체성에 관한 고민은 비단 유튜브 뉴스 채널들만의 고민은 아니다. 방송 뉴스도 하루 동안 소비된 똑같은 이슈들을 매일 저녁 어떻게 하면 좀더 새롭고 차별화된 방법으로 풀어나갈지를 고민한다. 차이가 있다면 방송 뉴스의 경쟁자는 예능이 아니지만, 유튜브 뉴스 채널의 경쟁자는 '진용진'이고 '사물궁이(유튜브 채널 '사물궁이 잡학지식')'인 것이다.

👍 유튜브 뉴스의 종류에는 뭐가 있을까?

① 판단은 내가 할 테니, 다 보여줘

로이터저널리즘연구소가 발간한 「디지털 뉴스 리포트 2021」을 보면 흥미로운 사실이 하나 있다. "언론사는 다양한 견해를 반영해야 하며, 결정은 사람들이 내릴 수 있도록 해야 한다"는 응답이 46개국 평균 74%보다 우리나라가 78%로 좀 더 높다. 알고리즘으로 움직이는 유튜브 세상을 두고 많이 거론되는 부작용 중 하나가 '확증편향'의 가속화다. 앞의 응답을 보면 이용자들 스스로 이를 경계하고 있고, 특히 국내에서 그런 경계심이 좀더 높다고 분석할 수 있다.

2분 남짓인 방송 뉴스에서는 다 담아내지 못하는 앞뒤 맥락을 보여주는 콘텐츠는, '날것'에 열광하는 유튜브 이용자들의 정서와 만나는 지점이 있다. 판단은 우리가 할 테니 너희들은 필터링되지 않은 사실 그대로의 상황을 전달해달라는 게 구독자와 시청자들의 요구인 경우가 많았다. 기존 뉴스에서는 볼 수 없는 화면 밖 1센티미터를 보여주는 것만으로 이용자는 포만감을 느낀다.

사례: 이재명 전 경기도지사 인터뷰 거부 사태의 전말

2018년 6·3 지방선거에서 경기도지사로 당선된 이재명 더불어민주당 당선인의 인터뷰 태도가 도마 위에 올랐다. 선거에서 당선이 확실해지면 각 방송사는 당선인과 생중계 인터뷰를 한다. MBC와의 인터뷰에서 이재명 당선인은 앵커가 "선거 막판에 여러 가지 어려움을 겪으셨다"며 질문을 하려 하자 "잘

2018년 6·3 지방선거 당시 이재명 경기도지사 당선인의
MBC 인터뷰 거부 사태의 전말을 담은 비디오머그 영상.

안 들린다. 열심히 하겠다"고 말한 뒤, 귀에 착용하고 있던 인
이어 이어폰을 빼면서 일방적으로 인터뷰를 중단했다.

이 상황이 기사화되면서 '고압적 태도가 문제다', '질문이
무례했다'고 논란이 불거졌다. 비디오머그는 이재명 당선자가
MBC와의 인터뷰를 거부하기 전 다른 매체들과의 인터뷰 당
시 있었던 상황을 시간순으로 보여주며 왜 이런 행동이 나왔
는지 독자들이 맥락을 파악할 수 있도록 '논란의 인터뷰 앞 상
황을 보여드립니다'라는 제목의 영상을 만들었다. 길게 설명할
필요 없이 독자가 스스로 판단하도록 한 것이다.

② 짧은 시간에 포만감을 주는 '순삭 정리'

뉴스에 대한 수요는 여전히 있지만, MZ세대는 포털과 유튜브에서 뉴스를 소비한다. 하지만 사건과 현상에 대한 궁금증을 해결해주지 못하는 콘텐츠가 대부분이다. 이럴 때 언론사 채널이 잘하는 것이 있다. 사안을 일목요연하게 정리해주는 것이다. 바쁜 요즘 사람들을 위한 '순삭 정리'는 언론사 채널이 가장 경쟁력을 가질 수 있는 콘텐츠다. 각 언론사가 유튜브 채널에서 가장 많이 다루는 콘텐츠가 바로 이런 것들이다.

콘텐츠의 전개 방식도 기존 뉴스의 설명 방식과는 다르다. 구구절절 팩트를 나열하는 정리로 끝나서는 안 된다. 유튜브에서 통하는 설명 방식은 '기승전결'이 아닌 '결결결결'이 되어야 한다는 말이 있다. 이슈를 관통하는 키워드가 무엇인지, 10분 남짓한 영상에서 당신이 알아야 할 것은 무엇인지를 명확히 제시한 다음에 설명을 이어간다. 이목을 끌 수 있는 매력적인 후킹hooking까지 도입부에 더해지면 금상첨화다.

사례: 1조 6천 억짜리 라임???!!! "도둑놈들아 내 돈 내놔!"

2020년 사모펀드의 최대 위기를 가져온 '라임 사태' 또는 '라임펀드 사태'는 국내 1위의 헤지펀드 운용사인 라임자산운용이 펀드의 부실함을 고지하지 않고 증권사와 은행에서 상품

라임펀드 사태를 정리한 비디오머그 영상.

을 판매해 결국 환매가 중단되고, 투자자들에게 막대한 손실을 끼친 사건이다.

　매일 관련 기사는 쏟아지지만 이 사태가 어떻게 시작되어 어떤 문제가 있고, 왜 피해가 생긴 건지 이해하고 있는 사람은 많지 않다. 이용자의 이런 니즈를 파악해 라임펀드 사태를 '순삭 정리'했다. 처음에는 조회수가 높지 않았지만, 라임 사태 기사가 쏟아질 때마다 찾아보는 사람이 늘면서 조회수가 54만 회까지 올랐다.

③ 방송사의 '창고 방출' 아카이브물

　언론사, 특히 방송사들에게 다른 유튜브 채널보다 압도적으로 유리한 콘텐츠가 바로 아카이브archive를 활용한 제작물이다. 아카이브는 데이터를 보관해두는 '기록 보관소'를 의미하

KBS '크랩_뉴트로'의 1990년대 지하철 풍경 영상.

는데, 방송사들은 뉴스뿐 아니라 예능·스포츠·교양 등 방송 전반에 걸쳐 축적된 영상 자료를 가지고 있다.

방송사들은 이 영상 자료를 재가공해 새로운 콘텐츠로 만들어 유튜브 등의 플랫폼에 올릴 수 있다. 이미 드라마나 예능 분야에서는 누적된 영상 자료를 유튜브에 대방출한 콘텐츠들이 큰 인기를 끌고 있다. 뉴스 채널들도 아카이브를 활용해 다양한 콘텐츠를 제작하고 있다. 당시의 사건 사고, 국제적인 스포츠 행사, 날씨, 문화, 패션까지 아카이브의 활용 가치는 무궁무진하다.

가장 방대한 자료를 보유하고 있는 KBS의 크랩은 '크랩_뉴트로'라는 코너를 만들었다. '응답하라 80년대', '응답하라 90

년대', '응답하라 00년대'라는 이름을 붙여 세대별로 공감할 만한 뉴스를 별 가공 없이 편집한 콘텐츠다. 시대적 상황과 당시의 의상·소품 등을 보는 것만으로도 독자들의 흥미를 끈다.

714만 회의 조회수를 기록한 '에어컨 없이 존버했던 90년대 여름 클라스' 영상은 에어컨이 흔치 않던 1990년대, 운동장 수돗가에서 머리를 적시거나 에어컨이 없던 찜통 지하철의 모습을 보여주며 기성세대에게는 추억을, 청소년들에게는 신기함을 불러일으킨다.

SBS 스포츠머그의 인기 콘텐츠인 '별별스포츠'는 베테랑 스포츠 기자들이 과거 스포츠 영상 자료를 적극 활용해 흥미로운 스포츠 역사를 되짚는데, 매회 수십 만 회의 조회수를 기록할 만큼 인기가 좋다. 2021년 한국방송대상 뉴미디어프로그램 진행상을 수상하기도 했다.

MBC의 엠빅뉴스는 과거의 충격적인 사건들을 다시 분석해보는 '이거 실화야?'라는 코너를 시리즈로 제작한다. 과거의 뉴스 자료를 활용해 현재 시점에서 재해석하는데, 과거의 자료가 없다면 제작할 수 없는 콘텐츠다.

사람들의 진짜
관심사는 생활밀착형
'소비' 그 자체다

"어차피 쓸 돈, 알고나 쓰자!" MBC 뉴스의 대표 디지털 콘텐츠로 자리 잡은 소비더머니의 캐치프레이즈다. 소비더머니의 출연자이자 제작자인 조현용 기자는 방송기자를 하며 경제부를 오래 출입했지만, 정작 생활밀착형 소비 이야기를 재미있게 풀어내기는 어려웠다고 한다. 2018년 디지털뉴스 부서로 자리를 옮기며 기회가 생겼고, 2020년 5월 소비더머니를 론칭해 큰 성과를 거두고 있다. 조현용 기자에게 소비더머니의 성공 비결을 들어보았다.

기자로서 팬덤을 구축했는데, 원래 생각했던 시나리오였나요?

원래 생각했던 시나리오는 아니었어요. 기대도 해본 적 없고요. 물론 어느 한쪽 편을 들고 정치적으로 민감한 주제나 서로 생각이 다를 수 있는 사안을 다루면 사람들을 모을 수는 있겠죠. 아무래도 사람들은 자기가 보고 싶은 것과 듣고 싶은 것을 찾는 경향이 있으니까요. 그런데 저는 그게 싫었어요. 하고 싶은 콘텐츠를 제작한 것일 뿐, 팬이 생길 줄은 전혀 예상하지 못했죠.

소비더머니 콘텐츠의 강점은 무엇이라고 생각하나요?

굳이 강점을 따진다면, 이야기와 영상이 두 축이 되는 것 같아요. 기존의 방송 뉴스에서는 경제정책이나 금융 관련 기사가 아닌 유통 관련 소식을 잘 담지 않았죠. 소위 말해 저급하거나 '싸구려'라고 취급해왔는데, 사실 사람들이 진짜 관심을 갖는 것은 금융보다 유통 관련 소식이라고 생각했어요. 공급자의 관점에서는 쉽게 생각하지 못했을 뿐이죠.

주제나 아이템 선정에서 특별히 고려하는 게 있다면요?

일단 제일 중요한 건 소비자의 관심입니다. 채널에서도

구독자보다 소비자라고 표현하는 것을 더 좋아합니다. 그 대신 정치적인 이야기는 금기시하는데, 시대나 사람마다 생각이 다를 수 있는 문제를 다루고 싶지 않아서요. 소비더머니는 단순히 소비 그 자체와 브랜드 이야기를 많이 하고 그 안에 담긴 맥락을 설명하는 데 집중하고 있습니다.

기업들의 브랜드 이야기를 담고 있는데, 기업을 미리 취재하거나 그들과 소통하나요?

그렇지는 않습니다. 영상을 내놓은 뒤 연락을 받고 이런저런 이야기를 하는 경우는 있었어요. 반드시 추가로 취재할 필요가 없었던 건 제가 이미 경제부 기자로 오래 일했고, 원래 저의 관심 분야이기도 했으니까요. 또 국내 자료든 책이든 외신이든 접근할 수 있는 정보가 이미 많으니 공개된 자료를 폭넓게 수집하는 편이고요. 이걸 어떻게 엮느냐가 더 중요한 것 같습니다.

소비더머니의 숨은 공신이 있다면 누구인가요?

아무래도 숨은 공신이라고 한다면 제가 이 채널을 운영하도록 내버려둔 부장인 것 같아요. 부장이 시간을 주고

하고픈 거 하라고 해서 시작하게 되었거든요. 그리고 1년 정도는 촬영과 편집을 겸하는 친구와 단둘이 했습니다. 제가 자료를 찾고, 원고를 쓰고, 카메라 앞에 섰고요. 채널이 독립한 후에는 잠깐 주 2회 콘텐츠를 제작할 때가 있었는데 그때는 작가와 편집자가 한 분씩 더 붙었어요. 그런데 확실히 저희 채널의 강점이라고 생각했던 이야기와 영상이라는 두 축이 흔들리는 듯하더라고요. 결국 재정비 시간을 갖게 되었고, 지금은 초창기 멤버 그대로 2명이 콘텐츠를 제작하고 있습니다.

흥행에 성공하다 보니 사내에서도 찾는 일이 많아졌을 것 같은데, 어떤가요?

의외로 보도 분야에서는 따로 제안을 받은 적이 없습니다. 제가 회사에서 디지털뉴스 부서의 첫 지원자였어요. 저희 회사는 디지털뉴스 부서를 유배지처럼 취급했거든요. 제가 부서 이동을 할 때도 누구와 싸운 건지, 무슨 일이 생긴 건지 등등 질문을 많이 받았어요. 저는 그냥 하고 싶어서 지원한 건데 말이죠. 그래서 그런지 아직까지 보도국에서 따로 제안을 받지는 않았어요. 그 대신 시사교양이나 라디오 등 다른 본부에서는 연락을 받았고, 채용 공고 등 홍보물을 만들 때 참여한 적이 있습니다.

소비더머니가 추구하는 독자와의 관계는 무엇인지요?

당연한 이야기지만, 저도 가끔씩 사람들을 만나고 이야
기를 나누다 보면 단독보도를 할 수 있는 정보도 얻게
되어 욕심이 날 때가 있죠. 그런데 일부러 소비더머니에
는 넣지 않고 있어요. 단기적으로는 조회수를 높이는 데
도움이 될 테고, 비판적인 보도나 새로운 사실도 충분
히 의미 있죠. 그런데 저는 소비더머니를 운영하는 동안
만이라도 어렸을 때 TV를 보면서 느꼈던 친구 같은 느
낌을 구독자들에게 주고 싶어요. 잠깐이라도 웃을 수 있
고, 무언가 마음을 긍정적으로 바꿀 수 있는 친구 같은
존재가 되었으면 좋겠어요.

착한 뉴스는 노잼?
유튜브에서 터졌다

　잔뜩 얼어 있던 사회부 기자 초년병일 때였다. '착한 뉴스'를 발제하면 번번이 아이템이 '킬'당했다. "고발 기사는 없어?" 심드렁하게 묻는 선배의 이 한마디에 좌절했다. 선행을 보도하는 착한 뉴스는 〈SBS 8 뉴스〉의 메인뉴스 밥상에는 오르기 힘든 메뉴였다.

　왜 기사들은 하나같이 암울하고 비판적일까? 어느 뉴스를 보더라도 비극적인 사건 사고와 정치권의 해묵은 갈등과 대안 없는 논쟁이 넘쳐난다. 끊임없이 누군가가 누군가를 고발하지만 안타깝게도 변하는 것은 없는 듯하고, 정말 아무렇지 않게 되풀이된다.

구본권 한겨레신문사 부설 사람과디지털연구소장은 "언론 보도는 불행 친화적"이라고 표현하기도 했다. 언론 보도가 '불행 친화적'이게 된 이유는 시청자와 구독자가 그런 보도를 원해서인 걸까? 고발 기사와 비판적 기사에 대중과 사회가 크게 반응하기 때문인 걸까? 유튜브라는 플랫폼에서 실험해본 경험에 따르면 꼭 그런 건 아니었다.

👍 감동은 '에버그린' 콘텐츠다

폭우가 전국을 강타하며 피해가 속출한 어느 가을 강원도 평창에서, 불어난 빗물에 붕괴 직전이었던 다리에서 필사적인 수신호로 다리를 건너려는 차량 운전자들을 구한 사람이 있었다. 그의 이름은 박광진 씨. 이 사연은 지역 매체가 당시 박광진 씨가 현장에서 수신호하는 모습을 담은 CCTV 영상을 보도하면서 세상에 알려졌다. 여기에서 그치면 흔한 수해 기사 중 하나에 머물거나, 수해 속 미담 기사 정도로 갈음된다.

하지만 당시의 앞뒤 상황을 담아 제작한 'SBS 뉴스'의 유튜브 영상 ""후진하세요!" 참사 직전 필사의 수신호…오히려 "감

SBS 뉴스 유튜브 채널에서 연재되었던 '기적의 구조' 시리즈.

사하다"는 의인義人'은 현재 869만 회가 넘는 높은 조회수를 기록하며 스테디셀러가 되었다. 제보자 송영훈 씨의 도움을 받아 의인 박광진 씨와 구조된 운전자를 인터뷰한 5분 14초 영상이었다.

처음 업로드한 후 1년이 지나도록 이 영상에는 지금도 꾸준히 댓글이 달리고 있다. '괴롭고 힘든 뉴스들이 난무하는 시기에 가슴 따뜻해지는 소식을 보니 너무 감동적이다', '몇 번을 봐도 참 기분 좋아지는 영상이다'라는 훈훈한 댓글이 이어지고 있다.

'수신호 의인' 영상에 대해 좋은 반응을 확인한 후 아예 '절망에서 희망으로, 기적의 구조' 시리즈를 기획했다. 이 시리즈는 도로에서 의식을 잃고 쓰러진 운전자를 심폐소생술로 구한 의인, 화재가 발생한 건물에서 위험을 무릅쓰고 이웃의 탈출을

112

도운 의인 등을 다룬 8회 연속 기획 시리즈였는데 누적 조회수가 2,000만 회를 넘어설 정도로 반응이 대단했다.

무엇이 달랐을까? 감동이 있는 콘텐츠는 유튜브에서 오랜 생명력을 가진다. 특종이 아니어도, 자극적이지 않아도 조용히 곳곳으로 퍼져나간다. 비극적인 사건 사고, 정치권의 갈등과 논쟁은 일시적으로 반응이 훨씬 클지 몰라도 다시 보고 싶은 영상이 되기에는 휘발성이 강하다.

시사 고발 프로그램 PD 출신으로 다큐멘터리 영화 〈울지마 톤즈〉와 〈부활〉을 연출한 구수환 감독은 "가장 강력한 고발은 바로 사랑"이라는 역설적인 말을 던졌다. 사람들의 마음을 오랫동안 울리고 움직이는 요소는 비난보다 감동이라는 것이다.

여기에 영상이 차곡차곡 쌓이는 유튜브의 아카이브적 특성이 더해지면 '착한 뉴스'는 TV 뉴스보다 더욱 강한 힘을 발휘하게 된다. 실제로 국내외에서 많은 조회수를 기록한 광고와 영화 분야의 유튜브 영상을 분석하니, 스토리 기반의 감동 영상이 가장 높은 인기를 끌었다는 연구 결과가 있다. 유튜브에서 감동 콘텐츠의 힘을 뒷받침하는 분석이라고 볼 수 있다.

👍 '10초 인터뷰'의 한계를 넘다

앞서 언급한 수신호 의인 박광진 씨의 아이템은 최초 보도도, 단독보도도 아니었다. 지역 매체의 보도를 시작으로 이미 닷새 전에 수많은 방송 뉴스와 신문 뉴스, 온라인 매체에서 쏟아진 기사였다. 한참 뒤처진 유튜브 뉴스가 큰 힘을 발휘할 수 있었던 비밀은 무엇일까?

'5분 14초'라는 콘텐츠 시간에 답이 있다. 왠지 긴 영상은 독자들이 부담스러워 덜 볼 거라고 막연히 우려하기도 한다. 하지만 시간 제약이 없는 유튜브 세계에는 오히려 착한 뉴스의 감동적인 스토리를 충분히 전할 수 있는 강점이 있다. 반대로 주제가 아무리 감동적이어도 사실관계만 정리한 30초 단신 기사라면 독자들의 마음을 움직일 수 있을까? 쉽지 않을 것이다.

2분 안쪽 길이의 방송 리포트를 제작할 때는 쓸 수 있는 인터뷰의 길이에 한계가 있다. 보통 10초 내외로 제한되는 인터뷰로는 대상의 진심을 충분히 전달하기가 쉽지 않다. 하지만 유튜브 뉴스 영상은 길이와 형식에 제한이 없다. 시간을 할애해 맥락을 충분히 담을 수 있다는 건 사실 유튜브의 굉장한 장점이다. 독자들의 가슴이 천천히 데워지는 시간 동안 충분히 스토리를 전할 수 있기 때문이다.

	재생 시간	유튜브 조회수	유튜브 댓글수
TV 뉴스	1분 58초	16만 회	489개
유튜브 뉴스	5분 14초	869만 회	5,153개

'수신호 의인' 관련 SBS TV 뉴스와 유튜브 뉴스의 반응 비교.

〈SBS 8 뉴스〉로 보도된 '딸 생일인데 잔고 571원…한부모 아빠 울린 피자 아저씨' 리포트 역시 유튜브 채널에서 조회수 250만 회를 기록하며 반향을 일으켰는데, 길이가 3분 30초가 넘었다. TV 뉴스인데도 미담 기사에 이례적으로 긴 시간을 들여 각 인물의 마음을 충실히 담아내, 유튜브에서도 오랫동안 울림을 주고 있다.

딸의 생일에 달걀볶음밥밖에 해줄 수 없는 한부모가정 아빠의 미안한 마음과 피자 가게에 외상을 부탁하는 안타까운 심정, 아이에게 피자를 선물한 피자 가게 주인의 넉넉한 마음, 피자를 받고 해맑게 기뻐하는 아이의 순수한 마음을 긴 호흡으로 잘 그려낸 결과다.

이렇게 상대적으로 긴 감동 콘텐츠들은 유튜브 조회수 그래프가 대부분 우상향을 그리며 스테디셀러로 이용자들의 관심을 받고 있다. 하루 이틀이면 더는 소비되지 않는 보통의 뉴스와는 전혀 다른 양상이다.

〈SBS 8 뉴스〉로 보도된 '딸 생일인데 잔고 571원…한부모 아빠 울린 피자 아저씨' 영상.

영국『가디언』은 길이가 긴 영상 콘텐츠가 크게 늘면서 유튜브 구독자 채널도 급증했다는 분석을 내놓았다. 영상 업로드 건수에는 큰 변화가 없는데, 20분을 웃도는 영상이 2배 이상 늘자 구독자수와 참여 지수가 크게 증가했다는 것이다.

김대경 동아대학교 미디어커뮤니케이션학과 교수도 한국방송기자클럽 30주년 기념 세미나에서 "유튜브에서도 롱폼 저널리즘이 가능하다"며, "유튜브 특화 콘텐츠를 제작할 것"을 주문하기도 했다. 구글코리아 유튜브 측도 사람들이 긴 유튜브 영상을 더 긴 시간 동안 시청하는 경향이 있다고 여러 차례 밝혔다. 전파를 기반으로 한 방송의 한계를 넘어설 기회를 활용하지 않을 이유가 없다.

👍 감동은 '디테일'에 있다

영상이 길기만 하다고 보는 이의 가슴을 데울 수 있는 건 아닌 것 같다. 물론 어떤 한 장면만으로도 사람의 감정선을 '탁' 치는 일들도 분명 있지만, 쉽지는 않다. 이는 다른 뉴스에도 적용할 수 있겠지만, 특히 감동이나 공감을 불러일으키는 선한 뉴스들은 등장하는 인물의 가치관과 내면을 깊게 들여다볼 수 있는 디테일이 중요할 때가 많다.

'절망에서 희망으로, 기적의 구조' 시리즈의 영상 편집을 할 때는 특히 인물의 인터뷰를 최대한 살리는 데 주안점을 두었다. 일반 리포트와 달리 유튜브 콘텐츠는 주인공의 인터뷰로 시작해서 인터뷰로 끝냈다. 기자의 이야기는 숨 고르기가 필요할 때만 짧은 자막으로 처리했다.

구독자들은 인물에게 더 집중할 수 있었고 실제로 그의 말한마디, 말투, 표정에 반응했다. 의인들이 자주 말한 "제가 아니더라도 누구나 할 수 있는 일입니다", "당연히 해야 할 일입니다"와 같은 표현은 댓글을 통해 늘 다시 회자되었다. 구독자들은 의인들의 겸손한 태도와 웃는 표정까지도 주목하고 이야기했다.

구독자들은 단순히 사실관계뿐 아니라 인물의 내면과 가치관을 보고 싶어 했고, 이에 반응했다. 기자의 주관적 해석보다 주인공이 직접 꺼내는 이야기에서 사람들은 그의 진정성과 태도, 가치관을 엿보고 여기에 크게 감화되기도 했다.

구독자들은 유튜브에서 이렇게 착한 뉴스에 마음이 움직이고 있었다. 점점 더 자극적인 것을 찾는 유튜브 세상에서 한 번쯤 곱씹어볼 만하지 않은가! "착한 뉴스는 안 본다고요? 없어서 못 봅니다."

틀을 깨라, 실험하라,
변화를 즐겨라

　기후변화에 대응하고 지속가능한 발전을 목표로 하는 글로벌 포럼 '2021 P4G 서울 정상회의'에서 대한민국 1위로 시가총액 500조 원에 달하는 기업 김갑생할머니김의 이호창 전략본부장이 연사로 나섰다. 그는 ESG(친환경·사회적 책임경영·지배구조 개선) 경영철학을 선포했다. 김 포장지를 업사이클링 upcycling(재활용품에 디자인이나 활용도를 더해 새로운 제품으로 재탄생시키는 것)해 아이들의 딱지를 접음으로써 ESG 경영을 실천하겠다는 포부를 밝혔다.

　아이들의 딱지로 ESG 경영을 실천하는 건 다소 무리가 있어 보이기는 하지만, P4G에서 한국 대표로 나선 이호창 전략 본부장의 발표는 아주 매끄럽고 특별히 흠잡을 데가 없었다. 그가 가상의 인물이라는 것만 빼면 말이다. 아니, 이게 대체 무슨 소리인가? 영상 속 무대에는 분명 P4G 로고와 외교부 마크가 떡 하니 쓰여 있고, 실제 외교부의 P4G 홍보 내용이 있는데 말이다. 이 알 수 없는 조합의 영상을 보고 있노라면 어느 순간 내가 나비인지, 나비가 나인지 알 수 없는 지경에 이른다.

김갑생할머니김의 이호창 전략본부장은 유튜브 채널 '피식 대학'에 출연하는 인기 유튜버 이창호 씨의 '부캐'다. 그러니까, 외교부가 '2021 P4G 서울 정상회의'를 알리기 위해 인기 유튜버 이호창 전략본부장과 '콜라보'를 한 거다. 이렇게 말로 설명하기도 어려운 이호창 전략본부장의 존재를 '엄근진('엄숙·근엄·진지'의 줄임말)'의 외교부가 '2021 P4G 서울 정상회의'의 홍보를 위해 활용했다는 것은 꽤 놀라운 시도다. 이 실험은 구독자들에게 먹혔다. 해당 영상은 조회수 100만 회를 넘었고 각종 언론에 보도되며 P4G를 알리는 데 한몫했다. 예상치 못한 콜라보였다. 직원의 기발함은 물론, 책임자의 결단이 없었으면 쉽지 않은 일이다.

기존의 틀을 깰 때 변화도 시작된다. 이제는 정부에서 새로운 형식으로 여러 협업을 시도하고 있다. 외교부, 보건복지부 등 정부 부처 유튜브 채널에 '펭수'와 '워크맨' 장성규 같은 유명 크리에이터들이 등장하기도 한다. 청와대는 모바일 플랫폼 '피키캐스트'와 협업해 가슴 아픈 반전 드라마 형식으로 '치매 국가책임제' 정책 홍보 영상을 제작했다. 정책 이름은 드라마의 마지막에 딱 한 줄 들어갔다. 정책 설명만 줄줄 읊는 정형화된 홍보 영상을 떠올려보면 말 그대로 파격이다. 어린이날에는 청와대가 다중채널 네트워크MCN '샌드박스 네트워크'와 협업해 어린이들을 '마인크래프트' 게임 속 가상의 청와대로 초청하는 일도 벌어졌다.

👍 방송 뉴스의 '틀'을 깨면 벌어지는 일

정부 부처들이 이런 변신을 시도하고 있지만, 사실 쉬운 일은 아닐 것이다. 언론사도 기존의 틀을 깨기를 두려워한다. 뉴스는 더욱 그렇다. 20년 전 뉴스와 오늘 뉴스를 비교해보면 화질이나 그래픽 퀄리티에 차이가 나는 것 빼고는 사실 바뀐 게 거의 없다.

수십 년째 뉴스는 앵커가 스튜디오에 서서 "여러분, 안녕하십니까"로 시작하고 있다. 지상파는 공공의 전파를 사용하고,

수반되는 책임도 크기 때문에 변화의 폭이 더 좁을 수밖에 없다. 틀을 깨는 실험은 뉴미디어 채널과 버티컬 채널에서 좀더 적극적으로 이루어지고 있고, 그럴 필요가 있다. 새로운 형식은 새로운 콘텐츠를 만들어낼 뿐 아니라, 이용자와의 새로운 소통 방식과 관계를 끌어낼 수 있기 때문이다.

코로나19가 한창 확산될 때 치른 2020년 4·15 국회의원 선거를 앞두고 〈SBS 8 뉴스〉 말미에 새로 뽑힐 국회의원들에게 바라는 평범한 유권자들의 소망이 매일 전파를 탔다. 주로 정치 지도자와 같은 주요 인사들이 등장하는 뉴스에 선거 기간 내내 유권자들이 마이크를 잡았으니 흔치 않은 광경이었다. 이 이벤트는 사실 'SBS 뉴스' 유튜브 채널에서 진행 중이던 '찍자! 우리 4·15 챌린지'의 일환이었다.

코로나19로 선거운동이 쉽지 않은 데다 역대 최저 투표율 전망이 잇따라 나오던 시기, 디지털 플랫폼을 운영하는 언론사로서 할 수 있는 일을 고민했다. 유권자들이 방구석에서도 선거에 참여하고 다양한 목소리를 나눌 수 있는 방법이 없을까? 이런 고민 끝에 새로운 콘텐츠가 탄생했다. 자신이 사회에 바라는 꿈을 영상으로 이야기하는 챌린지다.

초통령 유튜버 도티, 1세대 유튜버 대도서관, 대한민국 요식업의 대부 백종원, 키즈 전문 유튜버 헤이지니, '밀라노 할머

'찍자! 우리 4·15 챌린지'의 유명 크리에이터(위)와 일반인(아래) 참여 영상.

니'로 잘 알려진 밀라논나, 외국인 유튜버 소련여자, 유튜브 가수 라온 등 유튜브에서 개성 있고 영향력 있는 크리에이터들에게 선거에 대한 바람을 담은 영상을 보내달라고 요청했다. 선뜻 참여한 이들의 영상에 우리는 기사와 영상 편집, 섬네일을 더해 콘텐츠를 제작하고, 유튜브뿐만 아니라 틱톡, 인스타그램 등 SBS 뉴스의 다양한 플랫폼을 통해 유권자들과 공유했다.

유명 크리에이터들의 참여로 시작된 챌린지는 평범한 청년과 대구 의료진, 문화재 지킴이, 반려동물 구조대 등 다양한 유권자 수백 명의 참여로 확산되었다. 표현 방식도 가지각색이었다. 그림과 웹툰, 캘리그래피, 사진, 악기 연주 등 유권자들은 다채로운 방식으로 자신의 생각을 개성 있게 표현해냈다. 새로운 판을 만드니 자연스럽게 창의적인 콘텐츠들이 만들어진 것이다.

영상에 댓글로 소망을 밝히는 유권자들도, 댓글로 투표 의사를 밝히는 유권자들도 늘어갔다. 서로가 좋은 세상을 상상하고, 말하고, 투표를 독려했다. 개성 넘치는 유권자들의 콘텐츠는 한 달간 SBS의 각종 플랫폼 대문에 걸렸다. 그야말로 유튜브에서 열린 선거 축제였고, 이 '놀이터'를 SBS가 제공한 셈이었다.

구글코리아 유튜브 측은 "코로나19로 국민들의 관심이 총선에서 다소 멀어진 것 같아 걱정이었는데, 이런 재미있는 챌린지를 기획해 감사하다"고 전해왔다. 나아가, "유튜브 파트너십 팀 내부에서도 의미 있는 선거 사례로 공유했고, APAC(아시아태평양) 유튜브 파트너십사에 선거 관련 좋은 사례로 공유하겠다"고 알려왔다.

틱톡은 "(기업 광고성) 프로모션이 아닌 공익 캠페인성 챌린지 중 이렇게 많은 유저가 참여한 것은 대단한 결과"라고 높이 평가했다. 당시 이 챌린지에 참여했던 한 역사 채널의 유튜버는 "SBS 뉴스에 영상이 나가고 나서 구독자 방문이 늘었다. 좋은 콘텐츠를 만들어도 팔릴 기회가 없었는데 사람들에게 내 채널을 선보일 수 있는 기회가 되었다"고 말했다. 언론사 유튜브 채널이 꼭 콘텐츠 제작에만 집중할 게 아니라 이렇게 크리에이터와 시청자들의 플랫폼이 될 수도 있다는 것을 보여준 소중한 사례다. 기존 보도의 틀을 깨니 새로운 콘텐츠와 소통이 가능했다.

마음 가는 대로, 하고 싶은 대로 하는 게 정답!

김연아, 세종대왕, 유재석에 이어 초등학생이 존경하는 인물은 누구일까? 바로 어린이들의 사랑을 듬뿍 받으며 때로는 어린이들의 친구로, 때로는 롤 모델로 눈부신 활약을 펼치는 '초통령' 유튜버 도티다. PD 취업을 준비하던 시절 구독자 1,000명을 목표로 유튜브를 시작했지만, 국내 게임 채널 최초로 구독자수 200만 명을 돌파하며 대한민국의 대표 크리에이터가 되었다. 나아가 '샌드박스 네트워크'를 창업해 다양한 분야의 스타 크리에이터를 발굴·지원하며 디지털 콘텐츠 생태계를 이끌고 있다. 도티가 생각하는 뉴미디어의 미래는 어떤 모습일까? 어떻게 하면 지치지 않고 좋은 콘텐츠를 꾸준히 만들어낼 수 있을까?

샌드박스 네트워크가 여러 크리에이터와 협업하는 노하우가 있다면요?

매일매일이 고민의 연속입니다. 400명 넘는 크리에이터가 소속되어 활동하고 있는데, 각자 가진 탤런트(재능)가 달라요. 기획이나 제작 과정에서 필요한 자원도 저마다 다르고요. 출연만 할 테니 제작을 맡아달라는 경우도 있고, 유통이나 마케팅 지원을 요청하는 경우도 있죠. 크리에이터들 사이에서 형평성을 지키며 조율하는 게 정말 중요합니다. 그렇다 보니 크리에이터별로 채널의 성장을 위해 어떠한 자원이 왜 필요한지 잘 설득하는 게 중요합니다. 파트너십 매니저들은 크리에이터가 제작한 콘텐츠의 실적뿐 아니라 감정 상태와 주변 상황 등을 종합적으로 듣고 고려하고 있어요. 그동안 여러 경험이 축적되니 참고할 수 있는 모범 사례가 생긴 것도 좋은 노하우가 되었고요.

기억에 남는 크리에이터와의 협업 사례가 무엇인가요?

'엔조이 커플' 채널과 함께했던 '스트리트 개그우먼 파이터'요. 크리에이터의 만족도도 높았고 파급력도 어마어마했어요. 크리에이터의 매체력과 기획력을 활용하고 저희의 제작 역량을 덧댄 성공적인 시도였죠. 크리에이터의 색깔을 살려 광고주와 자연스러운 접점을 만들어내는 것도 여러 사례가 있었어요. 애니메이션이나 웹드라마 형식으로 스토리를 만들어 브랜드 이미지를 녹여낸 것도 좋은 기획이었고요.

샌드박스 네트워크가 관심을 가지는 크리에이터나 분야가 있나요?

저희도 오디션을 진행한 적이 있었어요. 유튜브 활동을 하고 싶은 사람들을 모집해서 새롭게 발굴해보겠다는 취지였죠. 그런데 결국 잘되지 않았어요. 왜냐하면 이미 매일같이 신생 채널이 탄생하기 때문이죠. 마치 아이돌 연습생처럼 연습생 기간을 거쳐서 매니지먼트를 통해 방송에 데뷔하는 게 아니잖아요. 자발적으로 튀어나오는 크리에이터들을 빨리 찾아내는 게 훨씬 낫더라고요. 무無에서 유有를 창조하기보다는 이미 잠재력을 지닌 크리에이터들을 더 성장시키는 전략을 추구합니다. 그리고 지금 이 순간 많은 사람의 관심을 받는 채널과 콘텐츠가 무엇인지 찾아내는 게 중요해요. 급성장하는 채널들을 탐내고 있죠. 또 크리에이터 본인의 매력도 중요하지만 기획력과 아이디어까지 갖춘 PD형 제작자들이 보물 같습니다.

시간이 흐를수록 어린이라는 주요 구독자층과 점점 멀어지는 건 피할 수 없는 운명일 겁니다. 팬들이 나이가 들고 성장하는 만큼 다루는 콘텐츠도 달라질까요?

학교 선생님처럼 6학년생이 졸업하면 새로운 6학년생이 들어오듯 비슷한 결의 콘텐츠를 만들어야 할까, 아니면 친구처럼 함께 성장할까? 8년이 넘는 기간 동안 활동하며, 저 역시 고민을 많이 했습니다. 결국에는 마음 가는 대로, 하고 싶은 걸 하는 게 정답인 것 같아요. 사명감도 생겼고, 아이들을 위한 콘텐츠를 만드는 게 적성에 잘 맞아요.

기성 언론의 유튜브 채널을 어떻게 평가하세요?

뉴스라는 게 정보를 제공하고 사람들의 알 권리를 충족시키는 것이잖아요. 방송 뉴스를 편집해 유튜브로 옮기는 것도 충분히 소비할 가치가 있다고 생각해요. 삽시간에 가짜뉴스가 퍼지고 검증되지 않은 사실을 진짜인 것처럼 포장해 내놓는 콘텐츠들도 우려스러우니까요. 형식에 대해서 말하자면, 특별히 디지털이나 뉴미디어라고 해서 특화된 구성이나 형식이 있다고 생각하지 않아요. 내용이 더 중요하거든요. '어떻게 하면 디지털에 맞는 새로운 뉴스 콘텐츠를 만들 수 있을까?'라는 고민보다 '뉴스'라는 본질에 집중하는 게 제일 중요한 것 같습니다.

'쇼트폼short-form' 콘텐츠가 급부상하고 있습니다. '반짝'하고 금세 지나갈 트렌드일까요?

사실 영상이 짧든 길든 길이는 크게 상관이 없다고 생각해요. 내가 원하고 좋아하는 콘텐츠라면 아이들도 30분 넘게 집중해서 볼 수 있거든요. 다만 틱톡과 인스타그램 릴스 등 쇼트폼에 특화된 플랫폼이 등장했고, 이에 맞춤 제작할 수 있는 편집 도구가 생겼기 때문에 하나의 트렌드가 된 것이라고 생각합니다. 플랫폼의 흥망성쇠를 결정하는 건 훌륭한 크리에이터들의 유입입니다. 틱톡도 그런 가능성을 보여주었고, 저희도 옐언니 등 유명 틱톡커들의 매체력을 눈여겨보았고요. 다른 크리에이터들의 콘텐츠를 유튜브 쇼츠나 틱톡 등 쇼트폼 플랫폼과

'멀티 유즈multi-use'할 수 있도록 연계하거나 유튜브에 익숙한 이들에게 쇼트폼 제작 문법을 교육하는 등 열심히 지원하고 있습니다.

앞으로의 목표는 무엇인가요?

크리에이터가 존중받는 사회를 만들고 싶습니다. 물론 예전보다 제작 환경이나 처우, 매체력이 나아졌지만 여전히 크리에이터 혼자 기획부터 제작, 유통까지 모든 과정을 책임져야 하는 경우가 많습니다. 기성 언론은 시청률이 낮으면 PD의 역량, 편성, 콘텐츠 내용 등으로 책임이 분산되어, 쉽게 말해 누군가의 탓을 할 수 있죠. 반면 크리에이터들은 초 단위로 바뀌는 조회수와 독자들의 피드백에 늘 평가받고 있는 기분이에요. '어떻게 하면 크리에이터들이 지치지 않을까, 용기를 잃지 않고 계속 좋은 콘텐츠를 만들 수 있을까'를 늘 고민합니다.

제3장

재미를 넘어 진실

신뢰할 수 있는
재미

"당신은 뉴스를 왜 보나요?" 주로 유튜브에서 뉴스를 이용하는 젊은 세대들에게 물었다. 『로이터』는 이렇게 분석했다. "전통적인 뉴스 브랜드는 뉴스를 '당신이 알아야 하는 것'으로 바라본다. 반면 젊은 시청자들은 뉴스를 어느 정도까지는 알아야 할 것들이기도 하지만 알면 '유용한 것, 흥미로운 것, 재미있는 것'으로 바라본다." 여전히 신뢰성과 전문성 같은 뉴스의 전통적인 가치들은 절대적으로 중요하지만, 시청자들이 뉴스를 이용하는 동기는 의외의 다른 곳에서 발견된 것이다.

이런 결과를 당연하게 받아들이는 사람들도 있겠지만, 정작 언론사 입장에서 '재미있어서 뉴스를 본다'는 건 생각지도 못했던 답이다. 4년차에서 14년차 기자인 우리도 '뉴스를 재미있게 만들라'는 주문을 들어본 적이 없으니 말이다.

◁€ 신뢰와 재미, 동시에 가능할까?

유튜브에서는 구독자 100만 명이 넘는 시사 유튜버가 쏟아지고 있고, 유튜브의 '정치 이슈' 채널 순위에는 언론사가 아닌 1인 유튜버 채널들이 상위에 포진해 있다. 더 재미있고, 더 자극적이고, 믿고 싶은 주장이 담긴 콘텐츠가 눈길을 끈다. 제대로 사실 확인조차 되지 않은 '유사 뉴스'가 더 많이 소비되기도 한다. 레거시 미디어legacy media(전통 미디어)는 이런 환경에서 구독자를 향해 치열하게 구애 경쟁을 해야 하는 상황이다.

그러면 언론으로서 신뢰를 잘 지키면서 동시에 재미를 추구하는 것이 현실적으로 가능한 일일까? 2015년 SBS는 전형적인 TV 뉴스에서 벗어나 새로운 관점으로 스토리텔링을 한다는 의미로 '아웃 더 프레임'이라는 제작 원칙을 가지고 출발했다. 여기에 2018년에는 새로운 제작 원칙을 추가했다. 바로 '신뢰할 수 있는 재미'다. 유튜브로 보는 뉴스도 충분히 신뢰할 수 있고, 신뢰할 만한 뉴스도 재미있을 수 있다는 의미다. 비디오머그는 '신뢰할 수 있는 재미'라는 불가능해 보이는 목표를 달성하기 위해 새로운 시도를 거듭했다.

🔊 '정치 뉴스'도 재미있다?

"요즘 웃을 일이 없었는데 감사합니다."
"아니 누가 뉴스 편집을 이렇게 기똥차게 재밌게 하나."

뉴스 영상에 웃음을 터뜨리는 댓글이 가득하다. 그것도 무려 정치 뉴스인데……. 뭐가 어떻게 재미있다는 걸까? 비디오머그는 정치 뉴스에 감칠맛 나는 풍자를 더해 정치인들에게는 쓴소리를 하기도 하고, 독자들에게는 웃음을 주었다.

비디오머그의 '국회로운 대화로 배우는 올바른 대화 예절~ 이렇게 말하면 안 돼요★' 편은 정치인들의 예의 없는 말과 태도를 초등학교 1~2학년용 국어 교과서를 활용해 꼬집었다. 이 영상은 조회수가 270만 회를 넘는 등 독자들의 뜨거운 반응을 일으켰다.

이 영상에서는 "상대방의 말을 듣고 반응할 때는 상대방을

비디오머그의 '국회로운 대화로 배우는 올바른 대화 예절~ 이렇게 말하면 안 돼요★' 영상.

존중하며 예의 바르게 말합니다"라는 교과서 내용이 흘러나온다. 곧이어 국회 법제사법위원회 전체회의에서 장제원 국민의힘 의원이 당시 추미애 법무부 장관에게 "여왕이세요?"라며 소리친다. 이번에는 "상대방이 하는 말을 집중해서 듣습니다"라는 교과서 내용과 함께, 추미애 장관이 야당 의원들의 질의에 팔짱을 낀다. 대화의 기본예절도 갖추지 않은 정치인들의 태도를 초등학생 교과서를 활용해 꼬집자, 구독자들은 속시원해했다. 일반적인 TV 뉴스에서는 볼 수 없는 장면이었다.

정치 풍자 영상의 역사를 거슬러 올라가면 조상 격인 YTN의 '돌발영상'이 있다. 2003년에 처음 시작되어 여러 시즌을 거치며 명맥을 이어오는 콘텐츠다. 일반적인 뉴스에는 나오지 않는 장면들을 포착해 시청자들에게 사랑을 받았다. 당시 정치인들이 실수를 하면 "이거 또 '돌발영상'에 나가겠는데?"라고 말할 정도였다. 공급자 중심의 뉴스가 아닌 수용자 관점에서 풍자와 해학을 담은 콘텐츠는 권력을 비판하는 것은 물론, 이용자들에게 재미까지 선사할 수 있다.

🔊 어려운 데이터 저널리즘을 더 쉽고 재미있게

빅데이터가 보편화된 시대, 방대한 정보 속에서 팩트를 찾아 보도하는 데이터 저널리즘●은 이제 선택이 아닌 필수가 되었다. 명확한 데이터 기반의 심층보도다 보니 신뢰도 높은 탐사보도의 한 축으로 자리 잡았다. '도끼를 갈아 바늘을 만든다'는 모토로 데이터 저널리즘을 추구하는 SBS의 '마부작침' 팀은 2018년부터 매년 잊지 않고 하는 보도가 있다. 바로 '국회 예산안 심사 회의록 전수 분석'이다.

국회는 정부가 국민의 혈세인 예산을 허투루 쓰지 않도록

데이터 저널리즘data journalism

방대한 데이터를 수집하고 분석해 의미 있는 정보로 만들고, 이를 '인포그래픽 infographic(정보+그래픽)'으로 시각화해 전달하는 저널리즘 방식.

엄격히 심사해야 하는데, 심사 도중 국회발 사업 예산을 슬쩍 끼워 넣는 일들이 벌어진다. 마부작침과 비디오머그가 수천 장에 이르는 회의록을 전수 분석했더니, 국회가 예산 심사 과정에서 시행령을 위반하고 서울시 하수처리장 사업에 2년 연속 수백억 원씩 예산을 관철시킨 사실이 확인되었다. 서울시는 재정 지립도가 높아 국비 보조 대상이 아닌데도 예산이 책정되었고, 원안에 있던 다른 지방자치단체(지자체)들의 하수처리장 예산은 삭감되었다.

취재 팀은 이처럼 국회의원들이 법령이나 지침을 어기고 사업 예산을 끼워 넣은 여러 사례를 찾아내 연속 보도했다. 전수 분석과 현장 취재를 기반으로 한 시원한 팩트 보도에 독자들은 '아주 칭찬해', '이런 게 언론이 할 일이지! 응원하겠습니다' 등 박수로 화답했다. 올해의 방송기자상 수상 등 각종 수상도 이어졌다.

한편으로는 고민도 깊어졌다. 많은 공력을 쏟는 장기 프로젝트인데 반해 조회수는 눈물 날 수준이었다. 어떻게 하면 신뢰할 수 있는 뉴스를 더 많은 독자에게 더 쉽고 흥미롭게 전할 수 있을까? 그리하여 나온 콘텐츠가 '얼음과 함께 씹어보는 2019 예산안 분석 후기'라는 기사다. 작가가 독자의 시선에서 질문하면, 취재기자가 국회 예산안 심사의 문제점을 차근차근 설명해주는 콘텐츠인데, 영상 중간 중간에 열받은 작가의 '얼음 먹방'이 나온다. 이용자에게 신뢰와 재미를 함께 전하려는 고민 끝에 나온 결과물이다. 이용자들은 '재밌게 편집하니까 그래도 조금은 이해하기 쉬운 것 같습니다', '재밌어. 신기해. 내가 똑똑해지는 기분이야'라고 반응했다.

이 밖에도 마부작침은 '불법 촬영, 대한민국의 민낯', '음주 살인 보고서' 등 무거운 이슈들을 꾸준히 제기했다. 어려운 데이터 기사를 모션그래픽 등을 활용한 '인터랙티브 뉴스'로 풀어내, 이용자들에게 더 쉽고 재미있게 다가가기 위해 노력했다. 여기에 뉴스레터 '마부뉴스'를 통해 '마부작침'의 기사를 '해요'체의 이야기 형식으로 친근하게 전하기도 했다.

◁╟ 전문기자가 썰 풉니다, '지식 정보 콘텐츠'

방송 리포트에 다 넣어 설명하고 싶은데, 취재한 정보를 아무리 줄이고 구겨넣어 봐도 2분 안팎의 뉴스에 결코 담기지 않는 난감한 날이 많았다. 방송기자들은 유튜브 플랫폼에서 이러한 시간의 족쇄에서 해방의 순간을 맞았다. 특히, 특정 분야에서 전문성을 갖춘 기자들의 깊이 있는 '해설형 뉴스'는 잠재력

넘치는 지식 정보 콘텐츠로 떠오르고 있다.

"그거 어떻게 좀 고상한 제목으로 안 되냐?" 2020년 비디오머그에서 독립한 스포츠 채널인 '스포츠머그'에서 '별별스포츠'라는 코너의 인트로 멘트다. 코너의 이름처럼 스포츠의 별의별 역사를 깊이 있으면서도 유튜브 감성으로 흥미롭게 전달하고 있는데, 매회 높은 관심을 끌고 있다. 스포츠기자 경력이 무려 31년인 권종오 기자와 '스포츠머그'의 최희진 기자는 방송국에 아카이브된 희소성 높은 과거의 뉴스 영상과 각종 외신 등을 풍부하게 활용해 해박한 스포츠 지식을 전하고 있다.

여기에 두 기자는 '입으로 터는 별별스포츠', '스포츠 야사 토크 프로그램'이라는 친근한 콘셉트로 이야기를 술술 풀어내며 인기를 끌었고, 2021년 한국방송대상 뉴미디어프로그램 진행상도 받았다. 독자들은 '너무 유익하고 좋은 프로예요', '스포츠 역사의 다양한 주제를 재미있는 이야기로 풀어주셔서 넘 감사해요!'라며 긍정적으로 반응했다. 신뢰할 수 있는 정보와 유튜브 감성의 재미를 함께 챙긴 덕이다.

어려운 의학 지식을 독자들의 눈높이에 맞춰 풀어주는 콘텐츠도 코로나19 시국을 맞아 환영을 받았다. 조동찬 SBS 의학전문기자의 '닥터저널리스트'가 대표적인데, 평소 TV 뉴스에서 진지한 전문기자의 모습을 보여준 것과 달리 이 콘텐츠에서는 'DJ 차니'라는 친근한 부캐로 변신해 독자들이 궁금해하는 주제를 쉽고 재미있게 설명했다.

'어머니께서 물어보신다, 동찬아 백신 맞아도 되는 거니?', '마스크 썼는데 선크림 바를까? 말까?', '독감백신 비상! 감기+독감+코로나19 다 걸리면 어쩌지?' 등 코로나19 사태 속 사람들이 한 번쯤 궁금해할 법한 점들을 주로 다루었다. 의학전문기자의 신뢰도와 지식, 여기에 독자들의 이해를 돕는 쉽고 흥미로운 구성을 더해서 이른바 '신뢰할 수 있는 재미'를 갖춘 지식 정보 콘텐츠를 지향했다.

◁〕 왜 신뢰할 수 있는 재미인가?

앞서 글을 시작할 때 "당신은 뉴스를 왜 보는가?"라는 질문을 던졌다. 『로이터』는 뉴스의 유용성과 재미를 언급했지만, 사실 기본 전제 조건은 '단단한 팩트'다. 이용자로서는 당연히 잘못된 정보가 아닌, 팩트의 유용성과 새로운 팩트를 알아가는 재미를 추구할 것이다.

'엠브레인 트렌드모니터'가 스마트폰을 보유한 전국 성인 남녀 1,000명을 대상으로 '미디어 이용 행태' 및 '뉴스 소비'와 관련해 설문조사한 결과, 응답자 10명 중 8명은 "미디어에 노출되는 뉴스를 무턱대고 믿지 않는다"고 답했고, 6명은 "의심가는 뉴스는 습관적으로 사실을 확인한다"고 했다. 비디오머그에 '신뢰할 수 있는 재미'라는 슬로건을 내세운 배경에는 새삼 미디어의 신뢰가 중요한 가치로 떠오른 점도 작용했다.

미디어가 넘처나는 시대, 이용자들이 버티컬 채널에 바라는 뉴스는 어떤 것일까? 특히 유튜브로 뉴스를 보는 이용자는 느는데, 게이트키핑* 과정을 거치지 않은 1인 미디어의 허위 조작 정보가 사회적 문제가 되었고, 뉴스의 신뢰성에 대한 고민도 커졌다. 사실관계 확인, 충분한 반론 취재, 사진이나 영상의 진위 확인과 같은 원칙들은 언론사가 지켜야 할 가장 기본적인 원칙이다. 하지만 이 원칙은 역설적이게도 유튜브 저널리즘 시대에 언론사 채널이 다른 채널들과 차별화할 수 있는 중요한 요소가 되었다. 버티컬 채널에서도 변함없는 절대 원칙인 것이다.

게이트키핑gatekeeping ●

미디어 조직 안에서 뉴스 결정권자에 의해 뉴스가 선택되는 과정. 뉴스 결정권자의 가치관, 조직의 가치, 규범 등에 의해 뉴스의 선택이 이루어진다.

넘지 말아야 할
선은 있다

　좋은 콘텐츠와 시각을 담고도 한순간의 섣부른 판단으로 콘텐츠의 좋은 취지를 퇴색시키는 경우도 왕왕 일어난다. 특히 유튜브 플랫폼 안의 경쟁 체제에서, 제목이나 섬네일 문구 한 줄로 짧은 시간에 사람들의 유입을 끌어내야 할 경우, 이 유혹에 빠지기가 매우 쉽다. 실제로 뼈아픈 교훈을 얻었던 일이 있다.

◁ 예상하지 못했던 역사 희화화 논란

도널드 트럼프 전 미국 대통령과 김정은 북한 국무위원장이 판문점에서 깜짝 정상회담을 한 적이 있다. 문재인 대통령까지 참석한 남·북·미 정상회담이 이루어졌던 2019년이다. 전 세계 언론이 판문점에서 세 정상의 만남에 집중하고 있던 때, 그 현장에서는 의미 있는 또 다른 만남이 이루어졌다. 혼잡한 상황 속에서 북한 경호원이 우연히 문재인 대통령의 경호원과 어깨를 부딪쳤다. 문재인 대통령의 경호원이 그 순간 북한 경호원을 쳐다보는데, 그를 알아보며 손을 꽉 잡는 장면이다.

3초도 되지 않는 정말 짧은 순간이, 당시 취재 영상을 살펴보던 비디오머그의 제작진에 포착되었다. 서로 아는 사이인지, 친한 사이인지, 그래서 알아보고 손을 잡은 것인지 사실관계를 확인할 수는 없었다. 하지만 눈이 커지고 손을 꽉 잡는 단 1초간의 그 모습이 보는 사람의 마음을 뭉클하게 했다. 찰나였지만 의미 있던 만남의 순간이 잘 전달될 수 있도록 구성과 편집을 했다. 영상기자의 발제, 작가의 구성, PD의 편집, 마지막에 모든 제작진이 함께 영상을 보는 검수 작업을 거쳐 영상이 업로드되었다.

문제는 페이스북에 영상을 업로드하는 과정에서 발생했

남북 경호원이 서로 만나는 장면을 포착한 비디오머그 영상.

다. 페이스북에 영상을 올릴 때는 영상을 소개하는 문구, 기사
로 치면 짧은 리드를 함께 적는다. 당시 영상 업로드 담당자는
"턱! 치니 윽! 하고 손잡다. 경호원들의 비정상 만남(?)"이라고
적었다. 서로 어깨를 부딪친 후 '오?' 하고 입 모양을 한 상황을
묘사하려는 의도였다. 하지만 고故 박종철 열사의 고문치사 사
건을 떠오르게 하는 적절치 않은 문구였다.

업로드 직후 독자들의 비판 댓글이 이어졌다. 바로 문구를
수정했지만 게시판 등을 통해 확산되는 것을 막을 수는 없었
고, 이를 비판하는 기사까지 나왔다. 문구를 작성한 당사자는
박종철 열사 사건을 의식하지 못했고, 비하하거나 희화화할 의
도가 없었다고 설명했다. 하지만 사정이 어떠하든 '없던 일'이
될 수는 없었다. 결과적으로 구독자들에게 불편함을 끼치고,
아픈 역사를 희화화하는 것처럼 보일 수 있는 잘못을 범했다.

재미를 넘어 진실

이 영상에는 지금도 '뭉클한 영상'이나 '남북관계가 다시 좋아지기를 바란다'는 댓글이 달린다. 그만큼 사람들의 마음에 울림을 준 좋은 콘텐츠였기 때문일 것이다. 하지만 동시에 이 영상은 지금도 박종철 고문치사 사건을 희화화해 문제가 된 방송이나 콘텐츠가 나올 때마다 과거의 사례로 함께 거론되고 있다. 한 번 넘어버린 선은 되돌리기가 어렵다.

🔊 언론 앞에 놓인 선 vs 유튜버 앞에 놓인 선

좀더 재미있는, 좀더 이목을 끌 수 있는 한 문장은 콘텐츠가 범람하는 시대에 선택받기 위해 불가피한 필수재다. 특히 유튜브에서는 언론이 아닌, 유튜브 소비자의 문법에 다가가는 노력이 필요하다. 하지만 동시에 선은 지켜야 한다. 대중의 정서와 사회적 공감대를 조금이라도 비껴가면 혹독한 비판과 심판이 뒤따른다. 언론 앞에 놓인 선은 1인 유튜버 앞에 놓인 선보다 훨씬 두텁다.

유튜브라는 경쟁 체제에서는 1인 유튜버와 언론사가 같은 선상에서 경쟁하다 보니, 언론사에 요구되는 책임감이 때로는 무겁게 느껴질 때도 있는 게 사실이다. 하지만 경쟁을 위해 책임을 방기할 수는 없다. 개인 유튜버에도 유튜브의 '커뮤니티 가이드라인'을 위배했을 때 수익 창출에 제한을 받고 채널 운영이 중단되는 페널티가 있지만, 언론사에는 유튜브에서도 언론으로서 지켜야 할 보도 준칙과 심의 규정이 존재한다. 기존 방송과 신문의 한계를 뛰어넘는 새로운 시도를 할지라도 언론으로서 마땅히 지켜야 할 저널리즘의 원칙과 기준이 바뀌는 것은 아니다.

앞서 소개한 희화화 논란을 겪은 후 비디오머그는 유튜브와 페이스북에 영상을 업로드하기 전에 이루어지는 검수 과정을 좀더 세분화했다. 영상 제목과 내용 설명, 섬네일 문구도 기자를 비롯해 여러 제작진이 더 꼼꼼하게 교차 검증을 거치게 되었다. 섬네일은 구성원 전체가 모여 있는 카카오톡 단체 대화방에 담당자가 3~4개의 후보군을 올리면, 문구와 사진이 적절한지에 대해 충분히 의견을 나누었다. 이후 가장 많은 사람의 선택을 받은 섬네일을 최종 결정했다.

영상 검수에서도 마찬가지다. 영상 제작이 끝나면 대학생 인턴, 작가, 영상편집자, 취재기자, 영상기자가 모두 모여 함께 영상을 검수했다. 제작에 참여하지 않는 팀원들도 때로는 같이 참여해 제작진이 놓칠 수 있는 이용자의 시각을 전달해주기도 한다.

아이템 발제 → 구성원 회의 통해 채택 여부 결정 → 작가 구성안 작성 → 담당 기자 1차 구성안 검수 → 영상 편집 → 작가, 기자, 편집자, 팀장 등 2차 영상 검수 → 콘텐츠 에디터, 제작진과 협의해 섬네일 제작 → 구성원 의견 수렴 → 영상 검수와 섬네일 검수 완료되면 업로드

비디오머그 영상 제작 검수 과정.

유튜브에서는 영상을 업로드한 이후에는 영상을 삭제하지 않는 이상 수정이 불가능하다. 그러다 보니 혹시 생길지 모를 실수나 오류를 막기 위해 비공개로 업로드하고 나서 최종 확인을 한 다음, 영상을 공개하는 이중의 안전장치를 사용하기도 했다.

언론으로서 지켜야 할 선을 지키기 위해 노력을 기울이는 일은 비단 특정 플랫폼에 국한되는 것은 아니다. 신문이든 방송 뉴스든 실수와 오류를 최소화하기 위해 여러 차례 검수를 거치는 것처럼, 유튜브든 페이스북이든 새로운 플랫폼에 콘텐츠를 게시하는 일도 플랫폼에 따라 기술적 방법은 다를 수 있어도 과정은 같다.

물론 유튜브 등 뉴미디어 콘텐츠에는 방송 뉴스나 신문 기사와는 차별점이 있어야 한다. 그러나 뉴미디어 플랫폼의 가벼

운 특성에 지나치게 집중하다 보면 자칫 선을 넘을 수 있으니 경계해야 한다. 겉보기에는 유튜브 콘텐츠지만, 본질이 뉴스라는 점은 변하지 않는 사실이다. 자유로운 유튜브 세상 속 저널리즘에 대해 섬세한 고민이 필요한 이유다.

맥락과
과정

2021년 8월 15일 새벽, 탈레반이 아프가니스탄의 수도 카불을 점령했다. 스무 자 남짓의 이 속보를 접하고 보도국에서는 비상이 걸렸다. SBS 뉴스 앱을 설치한 사용자들에게 푸시 push 알림을 보냈고, 실시간으로 1보와 2보 업데이트를 했다. 그날 국제부의 야근 당직 기자는 아침 뉴스에 반영할 리포트를 급히 제작했다.

탈레반, 미국, 아프가니스탄, 점령, 철수……. 얼핏 들어도 바다 건너 중동에서 일촉즉발의 상황이 벌어지고 있었다. 그렇지만 이 한 줄 속보가 국제 정세에서 어떤 의미를 지니는지, 우리나라에 끼칠 영향은 무엇인지, 왜 중요한 소식인지 100% 이해하는 사람은 몇이나 될까?

◁⫶ 이건 왜 또 갑자기 난리일까?

미국이 아프가니스탄에서 철수하기로 공식 선언하면서 20년간 이어진 아프가니스탄 전쟁이 마무리되는 순간이었다. 미군의 철수를 앞두고 이슬람 무장 단체인 탈레반이 아프가니스탄을 장악했고, 수도 카불을 중심으로 극심한 혼란이 벌어졌다. 〈SBS 8 뉴스〉에서는 이 사태를 열 문장으로 요약한, 1분 50초의 리포트가 방송되었다. 이 방송 뉴스를 보고 전체 맥락을 이해하는 건 사실상 불가능에 가까웠다.

이 날만이 아니다. 1시간 남짓인 방송 뉴스를 보다 보면 이런 생각이 들 때가 많다. '이 이슈는 도대체 어디서 시작된 걸까?' '정치권과 시민단체는 왜 갑자기 이 정책에 갑론을박하며 목소리를 높일까?' '이 사건은 어떤 맥락에서 의미를 지니는 걸까?' 뉴스를 채 이해하기도 전에 금세 다른 주제로 넘어가버리니 내용을 따라잡기가 도무지 쉽지 않다. 매일 뉴스를 열렬하게 챙겨보는 시청자가 아니라면, 짧은 뉴스 너머 깊은 맥락을 파악하기는 정말 어려운 일이다.

언론사가 뉴미디어에 본격적으로 뛰어들면서 '맥락 저널리즘'의 가능성도 훨씬 더 넓어졌다. 방송 큐시트와 신문 지면의 한계를 극복하니 충분히 맥락을 담을 수 있는 공간이 생긴 것이다. 맥락 저널리즘이란 사실 중심의 서술을 넘어 이슈나 사건이 담고 있는 의미와 파장을 고찰하고 설명하는 보도 방식이다. 뉴스는 정보를 제공하는 동시에 이 정보가 어떤 맥락에서 존재하는지, 그 이면의 내용까지 전해야 하는 것이다.

단순히 파편화된 정보를 유통하는 데 그치지 않고, 독자들에게 맥락을 친절하게 전달하는 게 목표다. 언론사들은 뉴미디어를 활용해 취재 뒷이야기를 전하는 등 좀더 진솔한 이야기를 뉴스에 담을 수 있게 되었다.

방송사는 1분 40초 분량의 뉴스에 미처 담지 못한 취재 비하인드 스토리를 글로 담는 것에서부터 시작했다. SBS의 〈취재파일〉과 〈뉴스쉽〉, KBS의 〈취재후〉, YTN의 〈와이파일〉 등 방송사마다 코너의 이름은 다르지만 긴 호흡의 글과 그래픽 등을 활용해 취재 뒷이야기를 충분히 녹여냈다. 아예 방송 뉴스로 다루지 못하는 이야기를 가져오기도 한다. 대통령 선거처럼 대형 이벤트가 있거나, 탐사보도와 결합할 때는 기획 단계부터 인포그래픽 등 시각화 스토리텔링 방법을 논의하기도 한다.

이희수 성공회대학교 이슬람문화연구소장과 아프가니스탄 사태를 총정리한 콘텐츠.

　『뉴욕타임스』는 그래프와 동영상 등 다양하고 입체적인 시각적 효과를 기사에 포함할 것을 개별 기자들에게 주문하고, 아예 기사 작성 초기 단계부터 그래픽 디자이너와 비주얼 디자이너, 에디터 간의 적극적인 협력을 요구하기도 한다. 사진기자들, 영상기자들, 그래픽 담당자들은 기사 작성에서 보조적 역할이 아닌 중심적 역할을 맡아야 한다고 말한다. 각 분야 전문가들의 자연스러운 협업을 도모해 기사의 맥락을 더 잘 담고,『뉴욕타임스』만의 독보적인 강점으로 삼으려는 전략이다.

　앞서 언급한 탈레반의 카불 점령 보도가 나온 뒤, 비디오머그는 '아프가니스탄 사태 총정리'를 두 편에 걸쳐 내놓았다. 길이가 총 16분에 달했다. 이슬람 전문가를 초청해 아프가니스탄을 둘러싼 복잡한 정세를 정리했고, 관심이 높았던 난민 문제도 다루었다.

이용자들은 '와~ 진짜 궁금했는데 세계사 강의 듣는 것 같아요', '영상 너무 유용합니다. 제가 오해하고, 다소 과하게 우려하던 문제들도 상당 부분 해소되고, 여러모로 도움이 되었습니다. 두 편에 걸쳐 영상 만들어주신 비디오머그 팀, 감사합니다'라며 호응했다.

해설형 뉴미디어 콘텐츠도 맥락 저널리즘에 한발 더 다가갈 수 있게 했다. 복잡하게 얽힌 관계나 범죄 사실, 역사를 친절하게 설명해주는 것만으로도 독자들의 반응이 뜨겁다. 대안 언론으로 부상해 구독자를 1,000만 명 넘게 보유한 미국의 '복스미디어'는 불필요한 소음 사이에서 길을 제시하며, 기사의 헤드라인 이면에 담긴 맥락을 전달한다고 스스로 소개했다.

'북한이 기이한 이유What made North Korea so bizarre'는 조회 수 324만 회를 기록했는데, 뉴스 화면에 보이는 북한의 생소한 모습에 대해 2분 36초 동안 설명을 담았다. 아예 1910년 일제강점기 시절부터 설명하며 북한이 외부 세계에 폐쇄적일 수밖에 없었던 역사적 맥락을 짚어준 것이다. 독자들은 북한의 역사를 잘 알게 되었다거나, 안 그래도 궁금했는데 궁금증이 해소되었다며 이 영상을 호평했다.

오히려 개입을 최소화해 있는 그대로의 상황을 전달하는 것도 맥락 저널리즘에 기여했다. 짜깁기한 영상이 아닌, 전후前後

사정을 충실하게 담아 어떤 맥락인지 수용자가 직접 이해할 수 있게 제공하는 영상의 수요도 분명히 있다는 것이다.

◁€ "왜 중요한지 궁금하다면, 더 깊게 들여다보세요!"

맥락 저널리즘을 달성하려는 시도는 꼭 길고, 거창하지 않아도 되었다. 쏟아지는 뉴스 사이에서 일목요연하게 핵심만 짚어주는 것만으로도 독자들의 호응을 끌어냈다. '똑똑한 간결함Smart Brevity'을 추구하는 미국의 온라인 매체 '악시오스Axios'는 불특정 독자가 아닌, 기사가 다루는 주제에 관심이 있는 독자들을 대상으로 콘텐츠를 제공하는 데 집중한다. 아예 '이게 왜 중요한가Why it matters'와 '자세한 설명details'을 중요한 요소로 내세우고 있다.

기사마다 도입부에 핵심 설명과 이 기사가 어떤 맥락에서 의미가 있는지 정제된 두세 문장을 앞세운다. 독자들은 이 같은 맥락과 설명을 접한 뒤 더 알고 싶으면 'Go Deeper(더 깊게 보기)'를 클릭해 기사 전문全文을 접하게 된다. 악시오스는 이 형식을 매체만의 정체성으로 삼고 독자들을 유인하고 있다.

맥락 저널리즘은 우후죽순 쏟아지는 정보성 콘텐츠 속에서 레거시 미디어만의 강점이 될 수 있다. 변화하는 미디어 환경으로 레거시 미디어가 오히려 번득이는 스타트업이나 신생 매체에 뒤처진 것처럼 느껴질 때가 있다. 그러나 레거시 미디어가 오랫동안 축적한 자원과 자료의 아카이브는 맥락 저널리즘을 구현해내는 엄청난 자산이 될 수 있다. 게다가 허위 정보까지 난무하는 사회에서 핵심을 제대로 짚으며 맥락을 설명하는 저널리즘은 미디어의 지속가능한 미래를 위한 또 다른 기회가 될 수 있다.

댓글과 조회수에
휘둘리지 않으려면

독자들이 우리 채널에 무엇을 원하는지, 이들에게 어떻게 완벽한 디지털 경험을 선사할 수 있을지를 고민하는 것은 정말 중요하다. 독자의 마음을 엿볼 수 있는 1차 통로는 댓글과 조회수다. 하지만 동시에 딜레마가 생기는 것도 사실이다. '댓글과 조회수가 전부인가?'라고 물으면 그것도 정답은 아니다. '독자의 마음을 적극적으로 들여다보면서도, 댓글과 조회수에 휘둘려서는 안 된다'는 대답이 옳은 방향이라고 생각한다. 댓글과 조회수로 나타나는 여론이 진짜 여론인지 때로는 의심해야 그것에 휘둘리지 않을 수 있다.

재미를 넘어 진실

🔊 조두순의 집 주소를 공개한 사람은 누구일까?

아동 성폭력범 조두순이 12년의 형기를 마치고 출소하던 날, 그가 구치소를 나와 집으로 들어서기까지 모든 과정이 대중에게 공개되었다. 출소 전부터 조두순의 집 주변은 라이브 방송을 하는 유튜버들이 진을 치고 있었다. 지자체는 주민 불안을 이유로 조두순 집 주변 취재를 자제해달라고 요청했다. 방송기자단도 이 요청을 받아들여, 풀pool 취재 범위를 집이 아닌 보호관찰소까지로 제한했다. 하지만 조두순의 집 앞은 이미 휴대전화를 든 유튜버와 시민들로 가득했다.

조두순의 출소 과정을 담은 라이브 방송의 조회수는 폭발했다. 조두순과 그의 출소를 막지 못한 기득권을 비판하고, 라이브 방송을 하는 유튜버들을 영웅시하는 댓글 여론은 더 노골적인 방송을 부추겼다. 조두순이 탑승한 법무부 호송차를 발로 차는 모습이 방송 뉴스에서는 형체를 알아볼 수 없을 정도로 진한 모자이크를 입혀 방송되었지만, 개인 유튜브 방송에서는 가감 없이 노출되었다. 현장 상황이 궁금한 뉴스 소비자가 어떤 것을 선택할지는 사실 뻔한 일이었다.

조회수로 경쟁하는 상황에서, 선을 넘은 언론사 유튜브 채널도 적지 않았다. 한 언론사에서는 조두순이 차에서 내려 집

안으로 들어가는 1분 남짓한 장면을 현장 취재기자가 휴대전화로 촬영한 영상을 별도의 편집 없이 발 빠르게 업로드했다. 이 영상은 조회수 수십 만 회를 기록했지만, 조두순의 집 주소를 그대로 노출시키는 사고를 범하고 말았다. 해당 영상에 나온 주소가 캡처되어 온라인 게시판에 전파된 이후, 해당 언론사는 유튜브 자체 편집 기능으로 모자이크를 추가했지만 정보의 확산을 막을 수는 없었다.

◁﹥ 자극적인 제목을 다는 선정주의

유튜브에서 영상이 잘 노출되려면, 대중이 현재 많이 검색하는 이슈의 키워드가 무엇인지 파악하는 게 우선이다. 이슈가 시들해지기 전에 키워드를 놓치지 않고 영상을 만들고, 제목과 섬네일에서도 이 키워드가 잘 보이도록 하면 이른바 '알고리즘의 수혜'를 받을 가능성이 높아진다.

'사이버 레커cyber wrecker'라는 신조어가 생겨난 이유도 이런 유튜브 환경 때문이다. 사이버 레커는 교통사고 현장에 빠르게 출동하는 레커wrecker(견인차)처럼 사람들의 이목을 끄는 이슈가 발생하면 재빨리 영상을 만들어 올리는 유튜버들을 지칭한다.

팩트체크 등 앞뒤 사정을 살펴보기보다는 이슈의 불씨가 꺼지기 전 알고리즘에 힘입어 조회수를 올리고 이슈를 확대재생산한다.

대부분의 사이버 레커는 개인 유튜브 채널이지만, 과연 언론사 유튜브 채널은 이런 비판에서 자유로울 수 있을까? 한국기자협회는 조두순 출소 논란 당시 "유튜브에서 리얼리티 '막장 쇼'가 막을 올리기 전, 언론사 홈페이지와 포털에서는 선정적인 헤드라인이 화면을 채우고 있었다. 선정적 제목으로 경쟁하는 기성 언론과 기이한 행동으로 시청자 눈길을 잡아끄는 유튜버는 분명 닮아 있다"고 평가했다.

실제로 유튜버들을 조두순의 집 앞으로 불러 모은 기폭제 역할을 한 주체는 언론사였다. 「조두순이 돌아간다는 안산 집, 1km 떨어진 곳에 피해 아동 살고 있다」(『조선일보』)는 등의 기사가 조두순 집에 대한 대중의 호기심을 자극한 게 사실이다. 또 「감방 동기가 본 68세 조두순 "1시간 푸시업 1천 개에 자위 행위"」(『세계일보』), 「격투기 선수 "조두순 가만 안 둬, 출소 날 간다"…응징론 커져」(『중앙일보』) 등의 기사는 모두 국내 유력 매체의 인터넷 기사였는데, 한국신문윤리위원회는 "단지 클릭수 증대를 위해 자극적 제목을 다는 선정주의 보도"라며 "형기를 마친 중범죄자에 대한 사회적 공분을 필요 이상으로 부각시켰다"고 평가했다.

실시간 검색어를 근거로 포털에서 조회수를 늘리기 위해 이른바 '어뷰징abusing 기사'를 쏟아내며 '실검(실시간 검색어) 레커'를 자처했던 언론사들이, 유튜브로 무대를 옮겨와 같은 잘못을 반복해서는 안 된다. 유튜브로 뉴스를 공급하고 소비하는 시장 크기에 비해 아직 일반화할 심의 규칙을 정립하지 못한 상황인 만큼 언론이 스스로 돌아볼 필요가 있다.

📢 정치 뉴스의 '팬덤 여론' 주의보

정치 이슈나 이념적으로 의견이 첨예한 이슈를 다룰 때 조회수를 따라가다 보면, 양극화로 갈린 극단적인 정치 팬덤을 충족시키려 애쓰는 상황에 놓일 수 있다. 특히 과거 언론사의 주요 이용자였던 적극적인 정치 뉴스 소비자 다수가 자신의 지지 성향에 맞는 정치 유튜브 채널로 이동하는 경향이 커지면서, 언론사의 정치 뉴스에도 팬덤 여론에 의한 요구가 늘고 있는 게 현실이다.

실제로 유튜브 채널 분석 사이트인 '플레이보드'의 집계에 따르면, 국내 뉴스·정치 분야에서 보수적 성향의 정치 유튜브 채널인 '신의 한 수'가 기성 언론사와 함께 상위 10위 안에 포함된다. 이 채널의 2022년 1월 기준 구독자수는 143만 명으로 'KBS 뉴스'와 『조선일보』보다 많다.

조회수 기준 상위 10위 안에는 역시 보수 유튜브 채널인 '배승희 변호사'와 '성창경 TV' 등이 기성 언론사와 경쟁하고 있다. 특정 정치색을 여과 없이 드러내는 개인 정치 유튜버들이 인기를 끌고 있다는 건, '내가 듣고 싶은 이야기를 하는 곳을 찾아간다'는 뉴스 소비의 흐름을 보여준다.

일반적으로 유튜브의 정치 콘텐츠는 편파적이고 신뢰할 수 없다고 느낀다. 하지만 막상 유튜브 이용량이 증가하고 추천 시스템에 지속해서 노출되면 자신의 의견과 유사하므로 이러한 콘텐츠가 편파적이라고 생각하지 않는, 이른바 확증편향이 나타난다는 연구 결과도 있다.

이런 이유 때문에 정치 관련 콘텐츠를 제작할 때면 딜레마에 빠지기도 한다. 우리는 이슈가 된 사안에 대해 사실 여부를 체크하고, 대립 중인 양측의 입장을 잘 따져본 후 어느 쪽으로 치우치지 않으려고 노력하는데, 그 사이 개인 정치 유튜버들은 지향하는 정치집단이 호응할 수 있는 영상을 자극적인 문구의 섬네일과 함께 업로드한다. 욕을 하든 칭찬을 하든 그런 영상들이 조회수도 잘 나오고 인기 순위에도 오르는 것을 볼 때면,

우리가 만든 영상이 밋밋하고 재미없게 느껴질 때가 종종 있다.

하지만 앞서 밝힌 것처럼 유튜브 세상에서도 언론이 지켜야 할 원칙은 있고 선을 넘어서는 안 된다. 그 생각을 하며 늘 '자극적 재미'에 대한 유혹을 뿌리친다. 어떻게 하면 경계할 수 있을까? 우선 소재가 정치적으로 오염되지 않았는지를 다각도로 체크하는 게 우선이다. 화제가 되고 있는 정치인의 발언이나 현상이 있다면, 편집되지 않은 영상 리소스와 전체 발언 내용을 필히 확인해야 한다. 가능하면 앞뒤 맥락을 모두 보여주며, 왜 이런 발언이 나왔는지에 대한 상황을 독자가 충분히 이해하도록 제공하는 것이 좋다.

시간의 흐름을 거스르는 재편집은 지양하는 것이 좋다. 1→2→3의 순서로 말한 것을 1→3→2의 순서로 편집하면 발언을 왜곡해 오해를 불러일으킬 수 있다. 비단 정치 이슈에만 해당하는 것은 아니지만, 가능하면 많은 구성원의 의견을 수렴해 특정한 정치적 방향으로 흘러가지 않도록 경계해야 한다.

재미를 넘어 진실

가짜뉴스와
팩트체크

🔊

"우리는 유튜브만 믿어." 2021년 5월, '한강 대학생 실종 사건'에 대해 진상규명을 요구하는 이들이 방송에서 한 말이 세간의 이목을 끌었다. 이들은 사건과 관련해 확인되지 않은 각종 유언비어를 확신했다. 당시 유튜버들은 근거 없이 특정인을 범인으로 몰아가는 등 해당 사건에 대한 허위 정보를 경쟁적으로 올리며 조회수를 챙겼다.

당시 이 사건은 많은 이에게 안타까움을 준 사망사건인 동시에, 사건을 둘러싼 가짜뉴스로 큰 논쟁을 일으켰다. 유튜브에 대한 확고한 신념 속, 오늘도 수많은 허위 조작 정보가 확산하고 있다. 이는 '대통령 코로나19 백신주사 바꿔치기', '5·18 광주항쟁에 북한군 투입', '21대 총선 개표 조작' 등 다 열거할 수 없을 정도다.

성인 10명 중 7명이 허위 정보를 접하는 경로로 유튜브를 지목할 만큼, 유튜브는 허위 조작 뉴스의 진원이자 통로로 지목받고 있다. 그런데 언론도, 정부도, 경찰도 믿지 않고 '유튜브만 믿는다'는 사람들. 어쩌면 이들의 모습은 언론을 비롯해 사회에 대한 깊은 불신을 방증하는 것은 아닐까?

> 우리 주변에서 일어나고 있는 중요한 사실들이 제대로 알려지지 않음으로써 국민의 참다운 여론은 방향을 잃고 있으며 국민들 사이엔 근거 없는 소문이 나돌아 국민의 결속을 저해하고 있다. 언론은 국민들로부터 불신당하고 언론인들은 자기의 의무를 다하지 못해 긍지를 잃고 실의에 빠져 있다.

최근 언론의 현실을 그대로 보여주는 이 글은 지금부터 약 50년 전인 1973년 11월 20일 밤, 『동아일보』 기자들이 쓴 성명의 일부다. 반세기가 지나서도 언론에 대한 불신과 근거 없는 허위 정보에 대한 고민에서 벗어나지 못한 것은 우리와 같은 언론인들에게 책임이 있다. 유튜브에서 확산되는 허위 조작 정보를 탓하기 전에, 언론은 더욱 자성하고 본연의 책무를 강화해나가야 한다.

🔊 '나쁜 메시지'에는 더 많은 '옳은 메시지'로

유튜브에서 콘텐츠를 제작하는 레거시 미디어 종사자로서 가장 1순위로 고려해야 하는 건 이용자의 조회수도, 좋아요도 아닌, 결국에는 팩트여야 했다. 『미디어오늘』의 이정환 대표는 방송기자연합회의 전문팩트체커 양성과정에서 "나쁜 메시지에 대한 해결책은 더 많은 옳은 메시지"라며 "진짜 뉴스가 제 역할을 할 때 비로소 나쁜 뉴스를 밀어낼 수 있고, 가짜뉴스가 힘을 잃는다"고 말했다.

소비자가 생산자가 되기도 하며 언론의 경계가 희미해지는 뉴미디어 시대에 아이러니하게도 팩트체크라는 언론 본연의 역할은 더 중요해지고 있다. 허위 조작 뉴스가 손쉽게 똬리를 트는 유튜브 세계에 뛰어든 레거시 미디어의 역할은 분명하다. 정확한 사실을 더 많이 보도하는 것이다. 진짜 뉴스와 허위 조작 뉴스가 뒤섞여 혼란스러운 시대, 언론은 더욱 정확한 보도로 언론의 신뢰, 나아가 사회의 신뢰를 회복해야 한다.

◑ 가짜뉴스를 거르는 노하우 맛보기

'백문이 불여일견.' 언론사들의 실제 팩트체크 방법을 살펴보자. 가짜뉴스를 거르는 '체'는 무엇일까? 방송기자연합회 전문팩트체커 양성과정의 일부 내용을 소개한다. 먼저 아래 질문은 BBC의 허위 정보 감별법이다. 가짜뉴스인지, 진짜 뉴스인지 헷갈리면 해당 뉴스를 펼쳐놓고 아래 공식을 대입해보자.

1. 전에 들어본 적이 있는 미디어인가?
2. 내가 알고 있는 그 미디어인가? 아니면 (이름을 모방한) 비슷한 곳인가?
3. 사건이 일어났다고 하는 곳이 지도상에서 정확히 알 수 있는 곳인가?
4. 다른 미디어에서도 보도된 적이 있는 이야기인가?
5. 이 주장에 대해 하나 이상의 증거가 있는가?
6. 이 이야기가 아니고 다른 이야기일 수도 있는가?

일단 미디어의 출처가 낯설거나 어딘가를 모방한 곳이라면 가짜뉴스인지 의심해볼 필요가 있다. 사건 발생지가 명확한지, 다른 곳에서도 보도되었는지, 증거가 있는지, 혹시 이야기가 왜곡된 건 아닌지 살펴보라. 아래는 미국의 팩트체크 기관 '폴리티팩트Politifact'가 제시한 사실 검증 방법이다.

1. 주장하는 사람에게 증거를 물어보라.
2. 기존에 다른 팩트체커가 확인한 것이 있는지 찾아보라.
3. 구글링을 하고 또 하라.
4. 포털에서 검색되지 않는 사이트, '딥 웹deep web'을 검색하라.
5. 다른 관점을 가진 전문가들을 찾아라.
6. 책을 확인하라.

가짜뉴스로 의심될 때는 먼저 왜곡된 사실을 주장하는 당사자에게 직접 근거를 물을 때 중요한 단서를 얻을 수 있다고 말한다. 또한 인터넷 사이트를 검색해보거나 다른 시각을 가진 전문가에게 물어보고, 관련 책을 찾아보는 것도 방법이 될 수 있다.

이 밖에도 이미지의 진위가 의심될 경우에는, 먼저 구글 이미지 검색을 통해 원 출처를 확인할 수 있다. 구글 이미지에 들어간 뒤, 이미지의 URL을 붙여넣거나 파일을 업로드할 수 있다. 크롬에서 이미지를 발견한 경우에는 이미지에 마우스 우클릭을 한 뒤 구글에서 이미지 검색을 누르면 된다. 이렇게 하면 일치하는 이미지를 포함하는 페이지가 나오는데, 이를 통해 이미지가 처음에 어느 사이트에서 쓰였는지 출처를 확인할 수 있다.

또한 '제프리스 이미지 메타데이트 뷰어Jeffrey's Image Metadate Viewer'라는 웹사이트에 이미지를 입력하면, 사진의 메타데이터metadate(데이터에 대한 데이터)를 파악해 해당 사진이 촬영된 날짜와 시간, 장소, 출처까지 더욱 자세히 파악할 수 있다.

유튜브 영상은 국제사면위원회(국제엠네스티)의 '유튜브 데이터뷰어Youtube DataViewer'라는 사이트에 유튜브 영상 링크를 입력하면 영상의 출처와 제목, 업로드 날짜와 시간, 영상 아이디와 섬네일까지 파악할 수 있다.

🔊 유튜브 속 가짜뉴스 잡기 실전 사례

그럼 팩트체크 노하우를 실제로 적용해 뉴스의 진위를 가린 사례를 살펴보자. 유튜브에서 한 한의사가 고춧대가 코로나19 예방에 좋다고 주장해 바이러스 공포에 떨던 소비자들의 이목을 끌었다. 이 밖에도 '코고리' 제품, 소금이나 뜨거운 물, 생강 등이 도움이 된다는 주장도 나왔다.

코로나19 혼란 속 진위를 알 수 없는 소문들이 유튜브 등을

조동찬 SBS 의학전문기자가 가짜 코로나 치료제와 관련해 팩트체크하는 영상.

중심으로 확산된 건데, 비디오머그 팀은 조동찬 의학전문기자의 '닥터저널리스트' 코너를 통해 직접 진위 여부를 확인하는 유튜브 콘텐츠 '마늘, 생강, 소금이 코로나를 치료한다고? 가짜뉴스 팩트체크'를 제작했다. 유튜브 속 잘못된 정보를 바로잡아 다시 유튜브 콘텐츠를 제작한 사례다.

조동찬 기자는 고춧대가 코로나19 예방에 효과가 있다는 뉴스는 거짓으로, 비타민 C와 D는 절반이 사실인 것으로 판명했다. 서양의학을 전공한 조동찬 기자는 고춧대의 예방 효과를 확인하기 위해 대한한의사협회에 문의했다. 폴리티팩트의 다섯 번째 검증 방법인 '다른 전문가에게 확인'하는 방안이라 할 수 있다.

대한한의사협회는 "한의학적으로 근거가 없다"고 밝혔다. 공신력 있는 기관에 진위 여부를 확인한 것이다. 비타민 C와 D

는 미국국립보건연구원이 복용을 권장했다는 사실과 연구논문에서 코로나19 치료제로서 가능성이 있다는 연구 결과를 토대로 절반의 사실이라고 보았다. 이는 폴리티팩트의 세 번째 검증 방법인 구글링을 토대로 한 근거 수집, 여섯 번째 검증 방법인 '책 찾아보기'에 해당한다고 볼 수 있다.

🔊 유튜브 시대, 팩트체크는 언론의 의무다

다음 문장 가운데 가짜뉴스를 찾아보자.

- 코로나19 mRNA 백신이 유전자 변형을 일으킬 우려가 있다.
- 헤어드라이어를 쐬어주면 바이러스가 죽는다.
- 5·18 유공자 중 허위 유공자 있다.
- 여성가족부 성인지 예산이 35조 원에 달한다.
- 문재인 대통령 백신 바꿔치기했다.
- 광화문 집회 참석자와 일부 교회 신도들의 코로나 검사 결과를 보건소에서 조작했다.
- 경찰청 본청에서 여성 경찰의 비율이 75%에 달한다.
- 쌀값 인상은 북한 원조 때문이다.

이 가운데 가짜뉴스는 무엇일까? 앞의 문장들은 모두 유튜브 등 온라인상에서 잘못 확산된 허위 조작 정보로, 언론이 잡아낸 사례들이다. 이런 노력이 없었다면, 더 오랜 기간 동안 사실로 잘못 알려져 사회에 혼란을 일으켰을 가능성이 크다. 방송과 지면에 종종 등장하던 팩트체크는 이제 언론들의 '고정 장르'가 되었다.

2012년 18대 대선 당시 『오마이뉴스』가 '오마이팩트'라는 이름으로 팩트체크를 처음 시도한 뒤, JTBC의 〈팩트체크〉, SBS의 〈사실은〉, KBS의 〈팩트체크K〉가 등장하며 언론사마다 하나의 코너로 자리 잡았다. 서울대의 'SNU 팩트체크'를 중심으로 30개 언론사의 협업도 이루어지고 있다. 언론들은 SNU 팩트체크 플랫폼을 중심으로 SNS나 유튜브, 온라인 커뮤니티에서 확산된 허위 정보를 교차 검증하고 진위 여부를 공개하고 있다.

시민의 참여도 이루어지고 있다. 아예 팩트체크를 전문으로 하는 언론사인 '뉴스톱'은 기자뿐 아니라, 분야별 전문가가 참여할 수 있도록 개방했다. 방송기자연합회도 시민 팩트체크 양성과정과 공모전을 열기도 했다. 더 많은 시민이 팩트체크를 하면, 허위 정보도 더 물샐 틈 없이 막을 수 있고 언론도 함께 건강하게 성장할 수 있다는 취지다.

유튜브에서 가짜뉴스는 전 세계적으로 골칫거리인 만큼, 팩트체크도 세계적으로 이루어지고 있다. 국제팩트체킹네트워크IFCN가 주최한 제6회 '글로벌 팩트체킹 서밋'에서 공유된 내용에 따르면, 구글은 영국의 '풀 팩트Full Fact' 팩트체크 기관과 함께 자동으로 사실관계 확인을 할 수 있는 프로그램을 준비하기도 했다. 구글은 팩트체크 미디어들에 대한 지원 사격에도 나섰다. 코로나19 백신 관련 허위 정보를 바로잡기 위해 33억 원에 달하는 기금을 지원한다고 발표하기도 했다. 페이스북도 전 세계 33개 나라, 52개 미디어와 협약해 팩트체크에 주력하고 있다.

허위 정보에 대한 유튜브의 자체적인 노력도 본격화하고 있다. 지상은 구글코리아 유튜브 콘텐츠 파트너십 수석부장은 "유튜브는 정책을 위반하는 콘텐츠를 삭제하고Remove, 위반 가능성이 있는 콘텐츠는 추천 가능성을 줄이며Reduce, 공신력 있는 뉴스와 정보 출처에 우선순위를 두고Raise, 신뢰할 수 있는 크리에이터에게 보상한다Reward는 '4R 원칙'을 내세우고 있다"고 밝혔다.

유튜브를 가장 많이 보지만, 가장 신뢰하지 못하는 아이러니한 세상. 유튜브 시대, 이제 팩트체크는 모두에게 필수가 되었고, 유튜브에 뛰어든 언론의 역할도 더 분명해졌다.

유튜브 뉴스도
결국 진실을 말하는 것

유튜브는 시청자를 고품질 콘텐츠와 연결해줄 책임이 있고 이를 위해 좋은 콘텐츠를 늘리고 나쁜 콘텐츠를 줄이는 데 우선순위를 둔다고 말했다. 그렇다면 유튜브는 어떻게 가짜뉴스에 대항하고 있을까? 유튜브에 떠도는 허위 정보는 하루 이틀의 문제가 아니다. 단순히 근거 없는 이야기를 나열하는 데 그치지 않고, 도를 넘는 패륜을 저지르기도 한다.

참사로 인해 희생된 피해자들과 유족들을 모욕하고 성범죄 피해자들을 조롱하는 영상들은 여전히 유튜브에 남아 떠돌고 있다. 세월호 참사와 충남 아산 어린이 교통사고 사망사건

의 피해자인 고故 김민식 군의 유족들을 대상으로 허위 사실을
유포한 한 유튜버는 징역 2년을 선고받아 법정구속되었다. 손
석희 JTBC 사장에 대한 근거 없는 루머를 퍼뜨린 한 유튜버는
징역 6월을 선고받았다.

> 유튜브 방송을 통해 피해자들을 모욕하거나 허위사실을 적시해
> 그 명예를 훼손하는 것은 자유겠지만, 그 자유에는 엄중한 법적 책
> 임이 따른다는 점을 실형 선고 및 법정구속을 통해 깨닫게 해줄 필
> 요가 절실하다.
>
> — 유튜버 '생각모듬찌개' 1심 선고

2018년, 유튜브의 가짜뉴스 문제가 한창 불거졌을 때 유튜
브는 표현의 자유라는 가치를 거듭 강조했다. 유튜브는 일종의
윤리 규칙과 같은 가이드라인을 가짜뉴스와 비방성 콘텐츠를
관리하는 기준으로 삼는다. 가이드라인을 토대로 글로벌 정책
검수 팀이 신고 콘텐츠를 검토하고, 만약 이 가이드라인을 위
반했다면 즉시 삭제 처리한다. 하지만 그렇지 않은 경우 어떤
이유에서든지 삭제하지 않겠다는 입장이다.

유튜브는 최근 규정을 위반하는 콘텐츠가 시청자에게 표시
되는 빈도를 드러내는 위반 조회율VVR을 도입해 관리하고 있

는데, 위반 조회율이 2017년에 비해 2021년에 70% 이상 감소했다고 한다. 쉽게 말해, 가이드라인을 어긴 콘텐츠가 시청자에게 덜 노출되고 있다는 것이다. 그러나 글로벌 플랫폼의 특성상 국내 이슈에 대한 대응이 기민하지 않다는 점, 또 가이드라인의 기준이 문화적 상대성을 지닌다는 문제가 꾸준히 제기되어왔다.

🔊 위기일수록 '백 투 베이직'

실시간으로 확인할 수 있는 조회수와 플랫폼이 구축한 알고리즘에서 얻는 광고 수익은 언론에도 딜레마를 안겼다. 진실을 향한 저널리즘이 반드시 수용자의 뜨거운 반응을 끌어내는 것은 아니기 때문이다. 성적표처럼 시시각각 확인할 수 있는 조회수가 수익으로 직결되면서 언론사들은 깊은 고민에 빠졌다.

뉴미디어나 디지털뉴스 부서에서 일하는 기자들도 매일 고뇌한다. '신뢰할 수 있는 재미'라는 슬로건을 눈앞에 두고도 콘텐츠를 기획하고 세상에 내놓는 순간까지 '이게 과연 통할까?' 싶어 머뭇거리게 된다.

콘텐츠와 미디어 경쟁이라는 큰 틀에서 기성 언론은 분명 위기를 겪고 있다. 무분별하게 쏟아지는 콘텐츠 사이에서 레거시 미디어는 이전 세대가 맞닥뜨렸던 것보다 훨씬 더 복잡하고 위협적인 과제에 직면하게 되었다. 그러나 콘텐츠를 제작하는 언론 종사자로서 최우선으로 고려해야 하는 건 팩트와 진실이다.

신뢰는 기성 언론의 존폐를 가를 핵심이자, 경쟁력이다. 언론의 책임과 역할은 어느 때보다 중요해졌지만 아직 갈 길이 멀다. 2021년 로이터저널리즘연구소에 따르면 한국의 언론 신뢰도는 조사 대상인 46개국 중 38위로 여전히 하위권이다. 물론 한국 사회 전반에 대한 신뢰도 자체가 하위권이지만, 결코 간과할 수 없는 지표다. 본령인 사회적 책임, 즉 진실을 제1의 가치로 추구할 때 언론은 신뢰를 회복하고, 위기를 극복할 수 있을 것이다.

이용자들도 '진지한 저널리즘'에 대한 갈망이 커지고 있다. 특히 세계적인 코로나19 팬데믹과 함께 잘못된 정보가 빠르게 확산되는 인포데믹●이 나타나자, 다시 언론을 찾는 이용자들이 늘고 있다. 유럽의 중견 언론사 '뉴스 트래픽'의 분석 결과, 코

인포데믹infordemic　　　　　　　　　　　　　　　　　　●

'정보information'와 '유행병epidemic'의 합성어로, 잘못된 정보가 미디어와 인터넷 등을 통해 전염병처럼 빠르게 확산되어 사회에 혼란을 초래하는 현상.

로나19가 확산되기 시작한 2020년 1월의 방문자수는 233만 명에서 3월 509만 명으로 2배 이상 늘어났다. 이후 많은 방문자가 충성 독자와 유료 구독자로 남았다.

2020년 한국언론진흥재단의 조사에 따르면 국내 이용자들도 뉴스 소비 경로로 SNS 메신저와 온라인 동영상 플랫폼보다는 언론에 크게 의존한 것으로 나타났다. 미디어 스타트업 '더 밀크'의 손재권 대표는 이를 '브랜드 뉴스의 컴백'이라고 했다. 수많은 정보가 쏟아지는 혼란의 시대, 믿을 수 있는 뉴스에 대한 갈증이 커지고 있다는 방증이다. 디지털 혁신 또한 단순히 스타일의 혁신이 아닌, 저널리즘의 본질을 강화할 수 있는 방향으로 혁신해야 한다는 시사점을 준다.

◖◗ 『뉴욕타임스』도 지금 중대한 기로에 서 있다

"『뉴욕타임스』는 지금 중대한 기로에 서 있다." 2017년 1월, 『뉴욕타임스』의 태스크포스 팀이 내놓은 「2020 보고서」의 첫 문장이다. 2014년 내놓았던 혁신 보고서에서는 "우리는 승리하고 있다"고 말했던 그들이 3년 만에 자신들에게 또 다른 과제를 던진 것이다.

실수하지 않아야 한다. 저널리즘에 대한 우리의 목표를 이루기 위해서는 오직 한 가지 길만이 있다는 것을 분명히 알아야 한다. 지금 아무것도 하지 않거나, 미래에 대한 구상을 게을리한다면 결국 뒤처질 수밖에 없게 될 것이다.

『뉴욕타임스』는 그들이 추구하는 진실이라는 가치를 온전히 달성하기 위해 혁신을 외친다. 독자들에게 영향력 있는 언론으로 거듭나려면 다양한 스토리텔링과 데이터 분석 등 디지털 기술을 활용하더라도 저널리즘의 본령을 지켜야 진정 살아남을 수 있다고 말한다.

언론사가 디지털과 뉴미디어 전략을 세울 때 저널리즘의 가치와 어긋나는 선택을 하게 되는 것을 항상 경계해야 한다. 조회수는 지엽적인 데이터일 뿐이다. 클릭을 유도하기 위한 자극적인 콘텐츠는 순식간에 조롱과 혐오의 대상으로 전락한다. 당장 눈에 보이는 성과에 골몰하다 보면 저널리즘의 제1원칙을 외면하게 된다.

재미를 넘어 진실

제4장 ▶

부캐가 미래가 되려면

뉴스도
브랜딩이 필요하다

    우리는 다양한 분야에서 유튜브 등 SNS 채널을 운영하는 담당자 몇 명과 스터디를 하고 있다. 대기업의 SNS 전략을 담당하는 매니저, 정부 부처의 유튜브 담당 사무관, 치과 유튜브 채널을 개설하고 운영하는 에이전시 대표 등 멤버가 다양하다.

    얼마 전 스터디에서 화두가 된 키워드가 있다. 바로 '공유지의 비극'이다. 스터디 멤버들은 분야를 막론하고 '공유지는 절대 피해야 한다'며 공감했다. 이 뜻 그대로, 누구든 이용 가능한 공공자원은 개인들의 남용으로 쉽게 바닥날 수 있다.

    스터디 멤버 중 국내 메이저 게임 회사의 SNS 운영자는 "공식 홈페이지처럼 하고 싶은 거 다 올리는 채널이 되면 매력이 떨어질 수밖에 없는데, 각 부서에서 이것저것 올려달라는 게 많아서 고충이 많다"고 털어놓기도 했다.

비디오머그에서 일하면서도 마찬가지였다. "백화점과 전문 매장 중 무엇을 지향해야 하나?" 끝없이 토론했지만 결국 답을 찾지 못한 문제였다. 방송과 신문으로 표방되는 기성 언론이 제너럴리스트를 추구하며 '무엇이든 다 있어요' 전략을 구사해오던 터라, 언론사가 운영하는 유튜브 채널도 '무엇이든 다 있는 백화점'이 되는 경우가 많다. 처음부터 백화점 전략을 구사하지 않았더라도 이 부서, 저 부서의 요청을 받다 보면 어느새 일관성 없는 가판대가 되어버리기도 한다.

⟳ '공유지'가 '황무지'가 되지 않으려면

초기 구독자를 모으고, 조회수를 늘리는 데는 백화점 전략이 효율적이다. 하지만 결국 지속가능한 채널이 되기 위해서는 공유지의 비극은 최대한 피하는 게 좋다는 것이 지난 3년 동안 겪은 경험이 알려준 깨달음이다. 이용자들이 채널에 들어왔을 때 이곳이 무엇을 다루는 채널인지, 내가 어떤 즐거움이나 정보를 얻어갈 수 있는지 모호하면 그들을 잡을 명분이 없다.

노출된 영상을 통해 이용자들이 채널에 유입되었다가 다시 나가는 결정을 하는 시간은 불과 5초도 되지 않는다. 어떤 이용자가 우연히 영상을 시청했더라도, 채널 구독으로 유인하는 것은 훨씬 어렵다. 요즘처럼 개인이 유튜브에서 구독하는 채널이 수십 개이고 넷플릭스, 왓챠 등 구독형 영상 스트리밍 서비스OTT까지 넘쳐나는 시대에, 무엇을 하는지 명확하지 않은 공유지는 아무도 찾지 않거나 뜨내기만 오고 가는 황무지가 되기 쉽다.

⏱ '뉴스 브랜딩'이란 무엇일까?

콘텐츠 하나 잘 만들어 내놓으면 알아서 팔려나가는 시대는 지나갔다. 잘 만든 '웰메이드 콘텐츠'를 한 상품으로 만들어 사람들에게 어떻게 각인시킬 것인지에 대해 지속적인 고민과 실험이 필요하다. 우리나라 언론사가 가장 못하는 것이 '뉴스 브랜딩'이다. 매체수가 손에 꼽을 정도였던, 굳이 각인시키려고 애쓰지 않아도 사람들이 찾아오던 과거에서 미처 헤어 나오지 못했기 때문이다.

황무지를 피하려면 어떻게 해야 할까? 해법은 결국 브랜딩이다. 효과적인 브랜딩을 통해 이 채널은 어떤 곳인지, 무엇을 다루는지를 명확히 인지시키고, 구독자가 채널에 신뢰감을 가질 수 있도록 한다. 다시 말해 외풍에 휩쓸리지 않고, 콘텐츠의 방향을 일관되게 유지하며, 지지와 공감을 바탕으로 이용자와의 관계를 만든다.

CBS의 '씨리얼'과 『중앙일보』의 '듣똑라'가 그런 실험을 성공적으로 해나가고 있다. 두 유튜브 채널은 구독자가 현재 20~30만 명 수준이다. 처음 유튜브 채널을 만든 시기를 고려해보면 씨리얼의 구독자 증가 속도는 빠르지 않은 편이다. 그러나 청소년들의 소외된 이야기를 집중적으로 다루며 채널의 색깔을 고수하고 있다.

듣똑라도 팟캐스트에서 유튜브로 넘어온 지 1년 만에 구독자가 30만 명 가까이 늘었지만 MZ세대 여성을 주 구독자로 겨냥하며 기존 콘텐츠의 결을 최대한 유지하고 있다. 모든 고객을 두루 만족시키기보다, 우리의 이야기에 공감해주는 이용자를 찾아 나서고 결국 충성 이용자가 될 수 있도록 콘텐츠를 벼리는 데 집중하는 것이다.

다양한 주제를 다루며 백화점 전략을 꾀하면서, 전달 방식을 차별화하는 브랜딩 방법도 있다. 같은 이슈를 다루더라도

독일 애니메이션 지식 채널 '쿠르츠게작트'의 영상.

풀어가는 방식이 색다르면 독자들에게 매력적으로 다가갈 수 있는 것이다.

독일의 지식 설명 채널 쿠르츠게작트-인 어 넛셸[•]이 대표적인 사례다. 이 채널은 애니메이션 교육 채널로 분류되기도 하는데, 애니메이션과 모션그래픽으로 사회현상이나 글로벌 이슈를 쉽게 설명하는 콘텐츠를 제작한다. 이 채널은 꾸준하고

쿠르츠게작트-인 어 넛셸Kurzgesagt-In a Nutshell ●

같은 이름을 가진 독일의 한 모션그래픽 애니메이션 스튜디오가 시작한 유튜브 채널. '쿠르츠게작트kurzgesagt'는 독일어로 '간단히 말해'라는 의미로, 정치·사회·문화·과학 등 다양한 분야의 지식 콘텐츠를 애니메이션으로 제작한다. 2022년 2월 기준 구독자가 1,780만 명이다.

지속적으로 채널을 운영하며 지식을 쉽게 전달한다는 독보적인 브랜딩에 성공했다. 2~3주에 한 편 꼴로 업로드되는, 유튜브 채널로서는 정시성이 매우 떨어지는 스케줄을 유지하고 있지만 평균 조회수는 수백만에서 수천만 회에 달한다.

『국민일보』의 '취재대행소 왕'은 독자들의 사소한 궁금증도 취재해서 알려준다는 취지로, 궁금한 내용을 댓글로 남기면 취재해드린다는 메시지를 콘텐츠의 전·후반에 지속적으로 노출하고 있다. 영상의 제목이나 섬네일도 짧은 질문으로 구성해 이 영상에 원하는 답이 있다는 것을 적극적으로 알리고 있다.

"외국인은 왜 공중화장실에서 양치를 안 할까", "페이스북은 왜 메타로 이름을 바꾸었을까", "노태우는 왜 전두환보다 욕을 덜 먹을까"처럼 다루는 주제도 정치, 사회, 역사, 문화, IT로 다양하다. '취재대행소 왕'은 한 주제에 대해 독자들의 의견을 수렴하는 것에 그치지 않고, 댓글을 읽는 라이브 방송까지 후속 콘텐츠로 진행하고 있다. 당신이 궁금한 모든 것이 우리의 취재 대상이며 독자들의 의견에 귀를 기울이겠다는 점을 효과적으로 각인시킨 경우다.

내용 전달자를 앞세워 브랜딩하는 것도 좋은 방법이다. 국내 모 게임사의 소셜미디어 운영 담당자의 설명에 따르면 이용자의 참여를 높이기 위해 일반 운영자가 아닌 자신의 닉네임과 캐릭터를 정해 이용자들이 더 친근감을 느끼게 만드는 전략을 사용했다. 이용자들은 운영자를 'MC ○○님'이라고 부르며, 그가 출연하는 영상에 더 몰입한다고 한다.

기자와 뉴스도 마찬가지다. 언론사에서는 예전부터 "스타 기자가 필요하다", "기자 개인의 브랜드 가치를 창출해야 한다"는 이야기가 속속 나왔다. 기자 본연의 객관성과 전문성을 겸비하면서도 이용자에게 한걸음 더 가까이 다가가자는 취지다. 기자 스스로 숨은 매력을 발굴해 이용자들에게 친구나 동료처럼 친근하게 다가갈 수 있도록 하는 게 중요하다. 2018년 하노이 북미정상회담 당시 비디오머그에서는 '민트요정'이라는 박수진 기자의 부캐를 내세웠는데, 시간이 흘러도 이용자들은 이 캐릭터를 기억하고 친근하게 댓글을 남겼다.

브랜딩을 시작할 때는 우리 채널이 어떤 채널로 인식되고 있는지를 예민하게 바라보고 끊임없이 다듬는 게 중요하다. 구독자수를 늘리는 데만 목을 매다 보면 길을 잃기 쉽다. 또 브랜딩을 바탕으로 한 멤버십의 구축은 미디어가 지속가능한 수익 모델을 만드는 초석이 된다. 브랜딩에 성공한 '대체 불가한 채널'이 결국 수익 창출의 다변화와 안정화를 이루는 데도 조금 더 수월하다.

두 마리 토끼,
저널리즘과 수익성

디지털 시대에 발맞추어 유튜브에도 기성 언론사의 부캐 채널들이 속속 발을 들이기 시작했다. 2017년을 기준으로 중앙일간지와 방송사 등을 중심으로 유행처럼 시작된 부캐 채널, 이른바 '버티컬 채널'은 기존 TV와 신문에서 시도해보지 못했던 다양한 시도를 하며 성장했다.

지상파 3사의 비디오머그나 엠빅뉴스, 크랩처럼 다양한 주제의 콘텐츠를 다루는 채널이 등장했다. 또『한국일보』의 '동그람이'나『한겨레』의 '애니멀피플'처럼 특정 소재에 집중하거나『중앙일보』의 '듣똑라'처럼 MZ세대라는 특정 독자층에 집중한 채널도 등장했다.

그러나 버티컬 채널의 상당수가 4년여 만에 문을 닫았다. 온라인 유머 커뮤니티를 지향했던『조선일보』의 '조선2보', KBS의 '고봉순', JTBC의 '소셜스토리' 등은 잠깐 빛을 내다 사라졌다.『경향신문』은 6년간 운영해오던 '향이네'를 접었다.

다양한 실험 과정에서 채널이 부진을 겪거나 문을 닫을 수는 있지만, 그 속을 들여다보면 사실 수익화 문제였다. 들이는 자원에 비해 안정적인 수익을 내지 못하는 경우가 많았기 때문이다. 유튜브 광고 수익만으로는 채널 운영에 필요한 비용을 충당하기 어렵다. 또 언론 매체의 특성상 별풍선이나 슈퍼 챗,● 후원금을 자연스럽게 유도하기 어려우며 도리어 신뢰를 잃고 소탐대실할 수 있다.

언론사마다 유튜브 등 SNS 채널의 경영 방식이 조금씩 다르다. 언론사에서 자체 인력으로 운영하는 곳도 있고, 규모가 커져서 자회사를 두는 경우도 있다. 후자는 수익화가 채널의 존속과 직결되고 구성원들의 고용 안정성으로 이어진다. 물론

슈퍼 챗Super Chat ●

2017년 1월 유튜브에서 선보인 새 기능으로, 시청자는 생방송 중 채팅창으로 크리에이터에게 후원금을 보내거나 눈에 잘 띄는 채팅 메시지를 구매해 쓸 수 있다.

언론사가 직접 운영하더라도 인력과 자원이 투입되어 있으니 수익이 나야 채널을 안정적으로 운영할 수 있다. 양질의 콘텐츠를 생산하기 위해 수익화는 필수다.

⏱ 저널리즘 하면서 돈 벌기?

대부분의 언론사는 사기업이다. 뉴스를 만드는 직원들이 모여 기업을 이룬다. 냉정하게 말해 돈이 없으면 결국 뉴스를 생산할 수 없다. 언론사 본연의 공적인 역할을 하면서도 돈도 벌어야 한다. 그동안에는 수익의 상당 부분을 광고가 해결해주었지만, 이제는 상황이 달라졌다.

구글과 페이스북 같은 거대 미디어기업의 광고 시장 독점으로 기존의 언론사들은 제3의 수익 모델을 찾아 나섰다. 광고주에게서 콘텐츠 제작비를 지원받는 브랜디드 콘텐츠●는 언론사가 운영하는 디지털 채널의 대표적인 수익 모델이다. 채널에

브랜디드 콘텐츠branded contents ●
콘텐츠에 자연스럽게 기업 브랜드의 메시지를 녹여 공감을 이끌어내는 콘텐츠.

비디오머그와 볼보자동차가 함께 제작한 '안전벨트 착용 캠페인' 영상.

올라온 다른 콘텐츠와 비슷한 형식을 갖추고 있지만, 광고주의 지원을 받고 제작한다. 다만 언론사들이 생산하는 브랜디드 콘텐츠는 주로 지자체나 관공서의 정책을 홍보하거나, 기업들의 공익 캠페인을 알리는 내용 등이 대부분이다.

예를 들어 비디오머그는 볼보자동차의 지원을 받아 '안전벨트 조상님, 볼보자동차의 플렉스 특허 공개하지 않았더라면…' 편은 안전벨트 착용 캠페인을 영상으로 제작했다. 채널이 추구하는 콘텐츠 방향과 잘 어울리고, 캠페인의 공익적 취지에 공감한다는 판단에서였다.

그러나 브랜디드 콘텐츠를 제3의 수익 모델로 삼기에는 한계가 있다. 광고를 목적으로 한 콘텐츠를 의뢰가 오는 대로 가리지 않고 무한정 제작할 수도 없기 때문이다. 『헤럴드경제』의 사내 벤처 부서인 '인스파이어'도 감각적인 영상미의 브랜디드 콘텐츠를 선보이며 각종 상을 휩쓸었지만, 출범 2년 만에 편집국에 흡수되며 문을 닫았다. 지속가능한 채널 운영을 위해 네이티브 광고,* 파트너십 등 여러 방법으로 돌파구를 모색하고 있지만 채널의 존속을 담보할 만큼 수익을 메우기에는 역부족이다.

🕐 '유료 구독'은 대안이 될 수 있을까?

언론사들이 유튜브에 채널을 열게 된 건 새로운 플랫폼이 등장하고 독자들의 미디어 소비 패턴이 달라졌기 때문이다. 하지만 더 중요한 이유가 있다. 광고와 포털에 마냥 의존할 수 없는 상황에서 새 수익원을 찾을 수 있을 것이라는 기대다. 하지만 유튜브에서 버티컬 채널들만 살펴보면 채널 운영을 유지하지 못할 정도의 수익만 거두거나, 수익은 나지만 언론사에서 수익 구조의 한 축이 되기는 쉽지 않은 상황이다.

네이티브 광고native advertisement ●

해당 웹사이트의 고유 성격에 맞게 기획·제작된 광고. 콘텐츠와 유사한 형태지만 협찬 표시를 명기한다.

광고의 틀에서 벗어나 지속적이고 안정적인 수입원을 원하는 언론사들에 '성공적으로 정착한 디지털 유료 구독'보다 매력적인 모델은 없을 것이다. 『뉴욕타임스』는 언론의 위기를 말하는 시대에 뉴스 구독 매출이 종이신문을 넘어서고, 2020년 3분기 순이익이 3,360억 달러로 2019년 같은 기간보다 2배 수준으로 늘어난 유일한 언론사였다.

『뉴욕타임스』의 가장 큰 수익원은 광고가 아닌 구독료다. 2015년 기준 미국 신문사의 79%는 어떤 형식으로든 디지털 뉴스에 대한 유료화를 하고 있다. 이노베이션 미디어컨설팅그룹 후안 세뇨르 회장은 "지금 디지털 뉴스 콘텐츠를 유료화하지 않는다면 저널리즘은 물론이고 어떤 출판 비즈니스도 성공할 수 없다"며 디지털 세상에서 언론사의 성공을 위한 가장 핵심적인 혁신으로 광고 수익에서 구독 수익으로 이동한 현상을 꼽았다.

유료 구독 모델에도 여러 유형이 있다. 『월스트리트저널』처럼 돈을 내기 전에 기사를 볼 수 없도록 하는 방식, 『뉴욕타임스』나 『워싱턴포스트』처럼 일부 기사는 무료로 접근할 수 있게 하고 이후에는 돈을 내게 하는 방식, 무료 기사와 유료 기사를 분리해 제공하는 방식 등이 대표적이다.

여기에 더해 영국 『가디언』처럼 자발적인 후원을 받는 방식도 있다. 후원을 유료화 방법 중 하나로 간주할 수 있는지는 여전히 논란의 대상이지만, 국내 언론사는 그나마 후원제를 활발하게 시도하고 있다.『뉴스타파』나『오마이뉴스』,『프레시안』등이 대표적으로, 디지털 기사는 무료로 볼 수 있게 하되 언론사 또는 기자를 지지한다는 취지로 후원을 유도한다.

그러나 여전히 해외 언론사에 비해 국내에는 이렇다 할 성공적인 구독 모델이 부재하다. 과거 일부 언론사들이 회원 전용 프리미엄 콘텐츠를 유료로 제공하는 서비스를 운영했지만 포털이 구축한 공짜 뉴스 생태계에서 결국 실패로 돌아갔다. 포털만 열면 기사가 쏟아지는데, 왜 굳이 돈을 내고 뉴스를 접해야 할까? 이 '왜'에 대한 답을 찾지 못한다면 과거의 실패를 반복할 수밖에 없다.

✏ 구독자 최우선 전략

『뉴욕타임스』가 유료 구독 모델을 수익화로 안착시킬 수 있었던 데는 여러 혁신과 리더십 등 다양한 요인이 있겠지만, 그 근본에는 철저히 독자 중심이라는 방향 설정이 있었다. 돈을 내고 뉴스를 볼 때는 독자가 즉각적인 효용을 느껴야 한다.『뉴욕타임스』는 이를 '서비스 저널리즘'이라고 칭했다. 서비스 저널리즘이란 '독자의 니즈를 충족하는 데 집중하는 저널리즘'을 말한다. 『뉴욕타임스』의 「2020 보고서」는 "디지털 독자를 확보하기 위해서는 정통 저널리즘과 서비스 저널리즘이 모두 있어야 한다"고 강조했다.

『뉴욕타임스』는 언론사 대부분이 기사형 광고로 대체하는 건강, 여행, 육아 정보 코너를 직접 제작했다. 초기에는 언론사가 할 일이 아니라는 저항에 부딪혔지만, 현재 전체 구독자 중 4분의 1 이상이 뉴스 구독자가 아니라 게임이나 요리 같은 콘텐츠를 즐기는 구독자다. 독자 최우선 전략과 구독할 만한 가치를 느낄 만한 콘텐츠가 첫 번째 고민이 되어야 한다.

많은 언론사가 '구독 중심의 뉴스 플랫폼'을 추구하며 구독 모델을 만드는 전략을 추진하고 있다. 책, 꽃, 속옷, 와인, 세탁 서비스까지. 구독 서비스는 이미 보편화되었고 콘텐츠와 기술을 아우르며 '구독 경제' 분야가 커지고 있다. 넷플릭스, 왓챠, 유튜브 프리미엄 등 영상 콘텐츠를 주력으로 한 미디어 시장에서도 이미 오래된 흐름이다. 옛것으로만 여겨진 뉴스레터가 구독 서비스로 가기 위한 징검다리로 부활하는 것도 비슷한 흐름이다.

앞서 언급한 네이버와 카카오 등 대형 포털도 우후죽순 구독 서비스를 출시하면서 언론사들도 부랴부랴 흐름을 좇고 있다. 구독 경쟁력을 선점하지 못하면 뉴스의 핵심 콘텐츠가 소비자에게 도달하지 못하게 되었다. 빠른 변화 속에 『뉴욕타임스』라서 가능했다는 것도 한가한 푸념이 되었다.

플랫폼에
끌려다닐 수는 없으니까

네이버가 모바일 버전의 메인화면을 개편하면서 언론사들에는 비상이 걸렸다. 네이버는 2018년 첫 화면에서 뉴스 탭을 없애고 초록색 검색창만 뜨도록 'UXUser Experience(사용자 경험)'와 'UIUser Interface(사용자 환경)'를 개편했다. 뉴스가 눈앞에 바로 뜨는 게 아니라, 관심 언론사를 구독해야만 뉴스를 찾아볼 수 있게 되었다.

첫인상을 뒤엎어버리는 큰 변화에 어색하고 불편할 줄 알았는데, 큰 오산이었다. 개편하기 전의 화면이 어렴풋하게 느껴질 정도로 이용자들은 금세 적응했다. 포털 의존율이 높은 대

『매일경제』의 네이버 모바일 버전 메인화면 이벤트.

부분의 언론사들은 네이버가 모바일 버전의 메인화면을 개편
하면서 적잖은 타격을 입었다.

언론사들은 부랴부랴 이벤트를 진행하며 당장 구독자수를
높일 수 있는 임시방편을 내놓았다. 어떤 언론사에서는 가족과
친척을 총동원해 기자 1인당 구독자 10명을 데려오라는 은밀
한 지시까지 내려왔다고 한다.

그렇다고 급변하는 포털 정책에 휘둘릴 수만은 없기에, 언
론사는 하루빨리 지속 가능한 수익 모델을 찾아야 했다. 가장
대표적인 것이 언론사가 자체적으로 마련하는 구독과 후원 모

델이다.

독자가 공감하는 콘텐츠를 만들고, 나아가 콘텐츠에 대한 지지와 후속 보도를 요청하는 의미로 독자의 지갑을 열게 함으로써 언론사의 지속가능성을 도모하는 것이 가장 이상적이다. 앞서 여러 차례 플랫폼 전략의 중요성을 설파했지만 플랫폼에 100% 의존해서는 절대 생존할 수 없다.

그러나 자체적으로 구독과 후원 모델을 수립해 정착시키는 것은 대단히 어렵다. 좋은 콘텐츠를 만들어 구독하도록 유인하고 독자들을 관리하는 게 말이 쉽지, 모든 단계가 복잡한 절차와 시스템을 요구하기 때문이다.

한국형 유료 구독 모델을 실험 중인 미디어스피어 이성규 대표는 현재 국내에는 유연하고 간편한 디지털 구독 결제 시스템을 갖춘 플랫폼이 없고, 구독자 목록과 결제 로그 등 데이터 호환을 지원하는 서비스형 소프트웨어가 없다고 말했다. 또 콘텐츠 전략과 데이터 기반 고객 관리 등을 전적으로 크리에이터 (언론사)가 감당해야 하는 구조라고 지적했다. 언론사가 이 같은 난관을 극복하려면 포털과 광고 의존도를 점차 낮추면서 동시에 콘텐츠 생산과 유통 전략을 혁신하는 전사全社적인 협업이 필요한 일이다.

전 세계 언론사 중 가장 독립적이고 안정적인 후원 모델을 정착시켰다는 평을 받는 영국『가디언』도 하루아침에 이루어낸 성과가 아니었다. 2005년 1,860만 파운드의 영업손실을 낸 '가디언미디어그룹' 신문 부문이 1년 만에 2배가 훌쩍 넘는 영업손실을 기록했다. 가디언미디어그룹은 신문 사업 외에 무역과 출판 등 다른 부가 사업으로 유지해온 관성을 과감하게 타파하기로 했다.

판형부터 줄였다. 2005년부터 단계적으로 지면의 크기를 줄이다, 2018년 보통 신문의 절반 크기인 타블로이드판으로 바꾸었다. 그러면서 독자들에게 '상업성에서 자유로운, 권력에 맞서는 독립 언론『가디언』'을 내세우며 후원을 당부했다.『가디언』은 2019년, 20년 만에 흑자로 전환했고 100만 명 이상의 정기 구독자를 확보했다.『가디언』의 다음 목표는 2022년까지 200만 명의 유료 회원과 구독자를 확보하는 것이다.

앞으로 3년 동안 독자와의 관계를 더욱 공고히 하고, 이 관계를 토대로 우리가 추구해야 할 저널리즘을 재정립하겠다. 독립 언론이라는 우리의 사명을 포기하지 않고 지속가능한 사업 모델을 찾겠다.

— 『가디언』 캐서린 바이너 편집장

⏱ 플랫폼 공룡, '유료 구독'에 뛰어들었지만

독립적인 수익 모델을 창출하기 위한 혁신이 언론사 조직에서 이루어지기 어려운 상황에서, 대형 포털도 저마다 유료 콘텐츠 구독 모델을 출범해 언론사에 유혹의 손길을 내밀었다. 포털이 갖춘 자원과 경험을 십분 살려 길을 잃은 언론사에 파트너십을 제안한 것이다. 네이버는 2021년 5월, 언론사 등 미디어를 상대로 유료 구독 서비스를 본격화했다. 네이버는 '프리미엄 콘텐츠'라는 이름 아래 창작자들의 채널을 유료 구독하도록 서비스를 제공하는 대신, 구독료의 10%를 수수료로 가져간다.

이 채널에는 개인 전문 창작자도 참여하지만 『조선일보』의 '땅집고,' 『동아사이언스』의 '엣지리포트,' 『중앙일보』의 '글로벌머니,' 『매일경제』의 '취업스쿨' 등 총 25개 채널이 서비스 오픈 때 참여했다. 기존 언론사의 버티컬 브랜드를 편입시키거나, 아예 서비스 출범에 맞추어 새로운 브랜드를 내놓은 경우도 있었다. 그러나 서비스 시작 3개월째에도 주요 채널의 구독자가 수백 명에 그친 것으로 알려지며 흥행에 실패했다는 평이다.

카카오톡은 기존의 뉴스 탭 대신, 자신의 취향에 따라 콘텐츠를 골라볼 수 있는 큐레이션 서비스 '카카오뷰View'를 선보였다. 이 서비스에서는 이용자들이 뉴스를 소비하는 방식을 알고리즘 추천 방식에서, 자신이 선호하는 매체를 직접 선택해 구독하는 방식으로 바뀌었다.

발행한 보드board(콘텐츠 페이지)를 구독하는 이용자의 수나, 보드 노출수 등에 따라 광고 수익의 일부를 배분받는데 기성 언론사들도 대거 참여했다. 하지만 공개된 지 한 달도 안 돼 언론사들의 볼멘소리가 나왔다. 너무 많은 큐레이션 보드가 생성되다 보니 트래픽traffic(정보의 이동량)은 줄어들고, 보드를 만들고 편집하는 업무는 늘었는데 투자 대비 효율은 낮다는 지적이다.

플랫폼을 이용하는 사용자가 많다고 해서 모객에 성공해 유료 구독까지 이어지지는 않는다는 것을 확실하게 보여주는 결과다. 유료 구독 모델이 성공하기 위해서는 콘텐츠 차별화가 필수적이다. 한국언론진흥재단이 2019년 실시한 설문조사에 따르면 디지털 유료 뉴스 콘텐츠에 대해 구독 의사가 없다고 밝힌 응답자의 73.7%는 "포털·언론사 홈페이지의 무료 뉴스 서비스로도 충분하다"고 답했다. 또 언론사들의 유료 콘텐츠 구독 모델도 결국 대형 포털의 가두리 안에 종속된다는 우려도 나온다.

⟲ 어려워도 반드시 찾아야 하는 길

그럼에도 디지털 공간에서 독창적인 수익 모델을 찾는 건 생존의 문제다. 광고 수익에 의존하는 게 가장 쉬운 길이지만 앞으로 생존에 도움이 되지 않을뿐더러 오히려 정체성을 훼손시킬 여지가 많다. 이미 여러 곳에서는 자체 홈페이지나 모바일앱 등을 강화하거나 구독과 후원 모델로 전환을 시작했다. 자체 플랫폼을 강화하는 시도 중 가장 대표적인 것은, 특정 콘텐츠를 해당 언론사의 플랫폼에서 가장 원활하고 효과적으로 접할 수 있도록 하는 것이다.

예를 들어, 『동아일보』가 창간 100주년을 맞이하여 내놓은 '히어로콘텐츠' 팀의 기사를 포털에서 접하면 항상 말미에 "디지털 플랫폼 특화 보도는 히어로콘텐츠 전용 사이트(original. donga.com)에서 보실 수 있습니다"는 문구가 따로 붙는다. 실제로 사이트에 접속해보면, 같은 기사 내용이더라도 밋밋한 포털에서 접했을 때보다 훨씬 가독성 높고 다양한 시각적 효과를 접목한 기사를 경험할 수 있다.

또 선거나 재난·재해, 대형 스포츠 이벤트처럼 뉴스의 수요가 많은 경우, 별도로 특집 페이지를 기획해 운영하는 것도 자체 플랫폼을 홍보해 새로운 독자들을 유입할 수 있는 좋은 계기가 된다.

『중앙일보』는 2022년 디지털 기사의 유료 구독 서비스를 목표로 20억 원 상당의 예산을 투입해 홈페이지를 개편했다. 독자들은 회원가입을 거쳐 콘텐츠를 이용할 수 있도록 했다. 긴 시간 유지해온 '조인스'라는 도메인(joins.com)을 과감히 버리고 아예 새로운 도메인(joongang.co.kr)으로 바꾸기까지 했는데, 독자들의 콘텐츠 소비 성향을 분석하기 위한 결단이었다.

독자가 어떤 기사에 반응하고 어떤 경로로 홈페이지를 탐색하는지 유의미한 데이터를 쌓고, 이를 바탕으로 콘텐츠를 기획해 독자와 콘텐츠 사이에 선순환 관계를 만들겠다는 목표다. 홈페이지나 모바일앱을 아예 뒷전으로 미루어놓고 포털과 SNS 전략에 골몰하거나, 단계적이고 피상적인 개편에 그쳤던 언론사 대부분은 『중앙일보』의 이 같은 도전을 유심히 지켜보고 있다.

『한겨레』는 창간 33주년을 맞이해 '한겨레 서포터즈 벗'이라는 이름의 디지털 후원 모델을 출범했다. 이미 『오마이뉴스』, 『뉴스타파』, 『뉴닉』 등 후원 모델을 안착시킨 사례가 있으나 종합일간지로서는 첫 도전이었다. 후원 방식은 크게 세 가지로 나뉜다. 정기 후원과 일시 후원, 주식 후원이다. 주식 후원은 1주당 5,000원으로, 50주 이상 10주 단위로 구매하면 후원 자격을 얻게 된다. 출범한 지 다섯 달 만에 2,000명 넘는 후원 회원을 모집했다고 한다.

몇몇 언론사는 뉴스레터를 통해 독자에게 한발 더 가까이 다가가기 시작했다. 『한국일보』의 '허스토리'는 젠더의 관점으로 뉴스를 해석하며 특히 여성이 주인공인 기사를 발굴하고 있다.

미국 실리콘밸리의 소식을 전하는 『매일경제』의 '미라클레터'는 오픈율 40%라는 의미 있는 성과를 이루어내기도 했다. 『매일경제』 신현규 기자는 기사를 포털에 노출했을 때는 악의 섞인 공허한 댓글이 달린 반면, 뉴스레터를 보내자 독자 개인이 긍정적인 반응을 보이고 생산적인 비평을 하며 독자와 활발한 소통이 가능했다고 말했다. '미라클레터'는 이를 바탕으로 온라인 팬미팅이나 굿즈 프로젝트 등 독자와 소통하는 접점을 확대하고 있다.

매체마다 속도나 방법은 조금씩 달라도 자사 콘텐츠를 소비하는 독자가 누구인지 알고, 독자를 겨냥한 콘텐츠를 만들어 관계를 형성하려는 시도가 여러 곳에서 이루어지고 있다. 방송이나 신문으로 뉴스를 접하는 사람들이 점점 더 줄고 있는 현실에서, 이 같은 시행착오는 기성 언론이 더는 포털과 소셜미디어에 마냥 끌려다니지 않겠다는 숨 가쁜 발버둥이다.

함께 가야
멀리 간다

뉴미디어 기자들이 모여 있는 카카오톡 단체 대화방에 어느 언론사의 뉴미디어 제작자가 퇴사한다는 소식이 올라왔다. 퇴사를 결심한 계기부터 언론사 뉴미디어 조직에서 느낀 바를 적나라하게 쓴 글이었다. 몇 분이나 흘렀을까? 전·현직 언론인 대화방에서도 같은 글이 또 한 번 공유되었다.

한 직장인의 퇴사 소식이 업계에서 빠르게 퍼지고 있었다. 컴퓨터 모니터 화면에서 잠시 눈을 떼고, 글을 천천히 읽기 시작했다. 고개가 끄덕여졌다. 같은 사무실에서 함께 일하는 직원들이 떠올라 마음이 무거웠다. 이 글을 읽고 이런 생각을 했

다. '이대로라면 언론의 디지털 혁신이 지속될 수 있을까?'

더 이상 '신문사에서 일하는 PD입니다. 영상 기획하고 제작해서 유튜브 등에 올려요'라며 제 일을 구구절절 설명하지 않을 수 있어서 다행입니다. 하지만, 아이러니하게도 '신문사 PD'는 신문사 내에서 가장 이해받고 대우받지 못하는 직군입니다. 기자가 중심인 신문사에서 PD란 극소수에 지나지 않고 그마저도 인턴, 계약직, 프리랜서, 아르바이트 등 비정규직이 대부분이기 때문입니다.······ 5년차 PD가 1년차 기자보다 못한 처우를 받는 걸 당연하게 여겨야 하는 걸 감당하기 어려웠습니다. PD를 '유튜브 편집자', '유튜브에 영상 올려주는 사람', '기자가 기획하고 섭외하면 와서 찍어주고 편집해주는 사람'이라고 인식하고 평가하는 시선이 신문사 내에 크게 자리하고 있습니다. 때문에 기획, 취재하고 제작하며 제대로 된 역량을 발휘하고 성장하는 데는 한계가 있었습니다. 때로는 떠도는 말들에 상처받고 존재 가치에 의문을 갖기도 했습니다. ······모든 뉴미디어 영상판에서 일하는 이들이 존중받고 대우받고 인정받길 바랍니다. 수많은 지망생이 상처받고 지레 포기하지 않는 뉴미디어 환경이 되길 바랍니다.

ᕯ 혼자서는 절대 할 수 없는 일

이들이 있었기에 지금까지 언론이 뉴미디어를 시도할 수 있었다고 감히 말할 수 있다. 기자만으로는 일이 돌아갈 수 없다. SBS 뉴미디어부만 봐도 기자 외에도 에디터 팀, 영상편집 팀, SNS 운영 팀, UI·UX 기획개발 팀, 홈페이지와 포털 큐레이션 팀, 인코딩 팀, 디자인 팀, 보이스 팀 등이 있다. 취재하고 기사 쓰는 기자들만으로는 다 할 수 없는 영역들이다.

비디오머그 팀도 취재기자, 영상 취재기자보다 작가, 영상 편집자, 디자이너, 콘텐츠 마케터, 대학생 인턴까지 비非기자 직군이 훨씬 많다. 뉴미디어 기자들은 이 팀들과 무궁무진하게 협업함으로써 새로운 콘텐츠를 기획하고 제작한다. 서로 다른 분야의 전문성 있는 사람들끼리 촘촘하게 협업이 이루어질 때, 하나의 근사한 콘텐츠가 탄생한다.

콘텐츠 제작 공정을 봐도 그렇다. 영상 뉴스 한 편이 세상에 나오려면 여러 사람의 노고가 더해져야 한다. 먼저 기자와 영상기자가 취재를 하면 작가가 이를 바탕으로 콘텐츠의 흐름을 구성한다. 영상편집자는 콘텐츠 구성과 그 내용과 흐름에 맞는 편집 기법을 고민하고 그에 맞는 자막, 효과, 배경음악 등의 요소를 선정해 콘텐츠에 생명을 불어넣는다. 디자이너는 영상과

스튜디오로 변하기도 하는 비디오머그의 사무실.

섬네일에 들어갈 디자인 효과를 구현한다.

　뉴스 큐레이션 팀은 눈길을 끄는 제목을 달아 홈페이지와 포털에 노출한다. SNS 운영 팀은 완성된 콘텐츠에 재치 있는 멘트를 달아 유튜브와 페이스북 등 다양한 소셜미디어 플랫폼에 유통한다. 씨줄과 날줄처럼 각 분야 전문가들의 노력이 더해질 때 비로소 콘텐츠가 완성된다. 기자 혼자서는 결코 할 수 없는 일들이다.

⟲ 바보야, 문제는 '기자 중심주의'야

"SS! KK!" 예전 직장의 회식 자리에서 뜻도 제대로 모르고 따라 외쳤던 구호다. 처음에는 무슨 기업 이름인가 싶었다. 알고 보니 "시키면 시키는 대로, 까라면 까라는 대로!"라는 뜻이란다. 자존심이 바닥까지 떨어졌지만, 어느 언론사에서든 정도의 차이만 있을 뿐 조직 구조는 대체로 수직적이었다.

당시에는 그게 이 업業의 숙명이라고 생각했는데, 계속되는 대물림이 한스러웠다. 이 같은 폐습은 완전히 깨지지 못한 채, 재기발랄한 MZ세대가 활보하는 뉴미디어 영역을 침범했다.

적지 않은 기자가 뉴미디어 전담 인력들을 협력의 대상보다는, 자신의 업무를 보조하는 대상으로 여길 때가 있다. 각 분야의 전문성을 인정하고 협업하는 과정도 미숙할 때가 많다. 이 글을 쓰는 우리도 여기에서 완전히 자유롭지 못하다. 세상은 빠르게 변화하고 있는데, 기자들은 여전히 "SS! KK!"를 속으로 외치며 의사결정의 키를 쥐고 있는 게 현실이다.

오히려 뉴미디어에 대한 이해가 없는 기자들이 수직적인 의사결정을 내리면서 오히려 혁신을 저해한다는 비판적 목소리까지 나왔다. 상황이 이렇다 보니 언론사 내 뉴미디어 업무 환경에 실망해 떠나는 인재도 많았다.

⟳ 디지털 퍼스트? 사람이 퍼스트

언론사들은 앞장서 '디지털 퍼스트'가 필요하다고 외치지만, 이를 일굴 인력에 대한 처우는 미흡하다. 많은 언론사가 프리랜서, 인턴, 파견직 등 비정규직으로 뉴미디어 전문 인력을 충당하고 있다. 『미디어오늘』이 2019년 12월~2020년 2월에 3개월간 언론사의 유튜브 콘텐츠 인력 채용 공고 32건을 분석했더니, 단 한 건을 빼고 모두 비정규직 인력을 찾고 있었다. 일부는 성과에 따라 정규직 전환을 검토하겠다고 했다. 임금이나 복지 조건도 정규직인 기자나 PD와 차이가 크다. 이런 현실에서 언론은 진정한 디지털 혁신과 성장을 이룰 수 있을까?

성상민 한빛미디어노동인권센터 기획 팀장은 『미디어오늘』과의 인터뷰에서 "뉴미디어 콘텐츠 제작은 단지 기존의 신문과 방송 기사를 뉴미디어 플랫폼에 옮기는 것이 아니라 전문성과 창의성을 요하는 저널리즘 노동이다. 하지만 다수 언론의 접근 방식은 '기존에 하던 것을 더 싸게 하려는 것'으로 요약된다. 이는 뉴미디어 전략이 아닌 비용 절감 전략에 지나지 않는다. 저널리즘의 관점에서도 뉴미디어 콘텐츠를 만드는 노동자들을 독려하고 고용 안정을 보장해야 지속가능한 뉴미디어 콘텐츠 노동과 생산이 가능할 것"이라고 말했다.

뉴미디어 제작자들에게 자신의 미래조차 내다볼 수 없는 조직에서 과연 언론의 미래를 함께 만들어낼 동기를 부여할 수 있을까? 성과를 내기 급급해도 정작 사람에게 투자하지 않으면 미래가 없다.

⏱ 아직 갈 길이 멀었지만, 그래도 한걸음씩

희망이 없지는 않다. SBS에서는 2017년 말, 뉴미디어 전담 직원들의 정규직화를 위해 자회사 '디지털뉴스랩'이 출범했다. 물론 본사의 정규직과 비교했을 때 처우에서는 여전히 차이가 크지만, 최소한의 고용 안정성을 지키기 위해 노력했다는 점에서 한발은 내디뎠다. 앞으로 처우의 격차를 줄여나가는 것은 중요한 숙제다.

당시 이주상 디지털뉴스랩 대표는 "스브스뉴스와 비디오머그를 제작하면서 역량과 노하우가 쌓여야 하는데 그러지 않았다"며 "비정규직 인력 중 필수 인력 중심으로 정규직화를 추진하고, 조직에서 제작 역량을 쌓을 것이다. 정규직 채용은 계속 늘릴 계획이다"고 밝혔다.

『세계일보』가 뉴미디어 영상 PD 전원을 모두 정규직으로 고용하고 있고,『한국일보』도 정규직 전환을 전제로 뉴미디어 제작자를 계약직으로 채용하면 1년 뒤 정규직으로 전환하고 있다.『중앙일보』의 '헤이뉴스' 팀도 JTBC에서『중앙일보』로 소속을 옮긴 뒤, 2020년부터 공개 채용 등을 통해 정규직 전환을 시작했다.

　김주영『한국일보』멀티미디어부 기획영상팀장은 "전원 정규직으로 전환하고 있는 가장 큰 이유는 로열티 때문이다. 제작자들과 계속 실험하며 같이 성장해야 하는데, 정규직으로서 로열티를 가지고 있지 않으면 쉽지 않다"고 말했다. 다만 그는 "현재 1인 PD가 글과 영상 촬영·편집·디자인까지 종합적인 능력을 요구받고 있는데, 앞으로 구체적인 지향점과 범위를 마련해 전문 직군 채용 등 회사의 과감한 투자가 필요하다"고 덧붙였다.

　"혼자 가면 빨리 가지만 함께 가면 멀리 간다." 이 말은 많은 이에게 익숙한 아주 오래된 속담이지만, 여전히 뼈아픈 조언이다.

'함께하기'의
중요성

언론사 뉴미디어의 각 부문에 종사하는 구성원들에게 솔직한 생각을 물었다. 그들은 문제점과 개선해야 할 점을 묻자 의견들을 거침없이 내놓았다. 뼈아픈 이야기도 있지만 최대한 가감 없이 충실히 담았다. 언론의 뉴미디어 조직 운영에 대한 반성과 성찰, 다짐의 차원이다. 진솔한 이야기를 나누어준 분들에게 깊은 감사를 전한다.

뉴스 웹·앱 기획 부문 A씨

"기자가 서비스 기획까지? 전문 분야에 대한 존중과 신뢰로"

▶ 업무소개

독자들이 편리하게 뉴스를 접할 수 있도록 홈페이지 앱과 웹 등 자사 플랫폼의 서비스와 기능을 기획하고 있습니다. 선거와 올림픽, 월드컵 등 뉴스의 수요가 클 때 독자들에게 어떤 뉴스 경험을 제공할지 기획합니다.

"9년 동안 디지털 조직에 머물면서 리더가 6번 바뀌었습니다. 기자들을 맞이하고 떠나보내는 게 반복되어 이곳 사람들은 자연히 마음의 거리를 두게 됩니다. 최근에는 열심히 공부하고 협업하는 기자들이 늘었지만, 보통 2년 후에는 보도국으로 돌아가야 합니다. 모든 언론의 뉴미디어 조직이 같은 상황일 것입니다. 이는 뉴미디어 조직의 지속적인 발전을 저해한다고 생각합니다.

그리고 대부분 언론사에서 서비스 기획 인력이 부족하고, 전문성을 제대로 인정받지 못합니다. '기자가 하면 되지'라고 생각하는 곳이 여전히 많습니다. 개발 환경이나 구조에 대한 고민 없이 '왜 이런 서비스를 당장 구현할 수 없나' 하고 묻거나 A4 용지에 그림을 그려 내밀기도 합니다. 아무리 작은 규모의 사이트라도 스토리보드는 수십, 수백 장에 이른다는 사실을 잘 모르기 때문입니다. 비기자 직군의 저임금 구조와 관련된 이슈가 많이 제기되는데, 더 중요한 것은 신뢰에 대한 부분이라고 생각합니다. 아이디어만 제공하다 점점 지쳐 결국 꾸역꾸역 버티다 그만두는 직원도 많았습니다. 직종별로 서로 존중하고 협업해나가는 문화가 절실합니다.

그래도 여러 측면에서 점점 나아지고 있는 건 고무적인 일입니다. 디지털 인력을 대하는 태도도 좋아지고 있습니다. 예전에는 기자들이 디지털 인력을 단순히 온라인에 기사를 송고하는 사람으로 생각했다면, 지금은 콘텐츠 제작 전후에 '어떻게 하면 더 많은 독자가 볼 수 있을까요'라고 먼저 의견을 묻기도 합니다."

작가 B씨
"비정규직 콘텐츠를 만들 때 모순을 느낍니다"

▶ 업무 소개
국내외 관심 이슈와 트렌드를 두루 살펴 아이템을 발굴합니다. 방송 뉴스에서는 다루지 못한 소재나 제보들은 구성력을 십분 발휘해 강력한 글과 영상 콘텐츠로 내놓습니다.

"뉴미디어에서는 콘텐츠의 형식이 다채로워 전체적인

맥락을 보여줄 수 있는 점이 큰 장점이라고 생각해요. 하지만 '기자'라는 직함이 아닌 '에디터'나 '작가'로서 깊이 있게 취재하고 사실관계를 더욱 풍성하게 만드는 데는 여건상 한계를 느낍니다. 하나의 주제를 긴 호흡으로, 심층적으로 파고들기보다 여러 소재를 다루다 보면 어느 순간 기계적으로 임할 때가 있습니다. 또 이곳에서 '비정규직' 소재를 다룰 때는 모순을 느끼기도 합니다. 뉴미디어 콘텐츠에서 제작자들의 역할이 중요해진 것에 비해 그에 맞는 처우를 마련하려면 아직 갈 길이 멉니다. 정규직이 아닌 동료들은 자의든 타의든 이곳을 언젠가 떠나야 한다고 생각해요. 언론사의 뉴미디어 직군에서는 5년 이상의 경력직을 선호하는 경향이 있는데, 이마저 비정규직으로 뽑는 곳이 많습니다. 정규직으로 안정적으로 일할 수 있다면 훨씬 더 책임감과 주인 의식을 가지고 일할 수 있을 것입니다."

영상편집자 C씨

"불안정한 고용보다 더 속상한 것"

▶ 업무 소개

속보성 또는 기획성 영상 콘텐츠를 제작하고 편집합니다. 최신 영상 편집 트렌드를 놓치지 않으면서도 심의 기준과 대중의 정서 등 많은 것을 고려하며 콘텐츠를 만들고 있습니다.

"뉴미디어 부서라도 뉴스의 틀에서 벗어나는 큰 변화를 싫어하리라고 생각했는데, 실제로 와서 보니 틱톡과 유튜브 쇼츠 등 새로운 플랫폼에 맞춰 다양한 시도를 하더라고요. 제작 과정이 재미있다 보니 취재를 하고 기사를 쓰는 기자가 아니어도 영상편집자로서 능동적으로 참여하게 되는 것 같아요. 또 내가 만든 영상에 대해 독자들의 피드백을 바로 확인할 수 있으니 신이 납니다.

처우와 관련해서도 각자 입사할 때 들인 노력이 다를 수 있으니 큰 불만은 없습니다. 그러나 불안정한 고용과 낮은 임금을 알면서도 이를 이용하는 몇몇 분 때문에 속상하고 상처를 받기도 했습니다. 기성 뉴스를 만들 때는 정해진 의뢰 절차와 시스템이 있는데, 뉴미디어 조직에서는 모든 게 메신저로 통합니다. 메신저로 '이거 하시면 됩니다' 하고 지시를 내리고 퇴근해버리는 경우도 있어요. 짧은 시간에 말도 안 되는 '고퀄리티' 결과물을 요구하며 개인의 능력치를 평가받습니다. '이곳에서 포트

폴리오를 만들어 처우가 더 좋은 곳에 가면 된다'는 말
에 프리랜서와 인턴 등 비정규직 편집자들은 결국 열심
히 할 수밖에 없습니다."

디자이너 D씨
"분업이 아닌, 협업의 힘이 중요합니다"

▶ 업무 소개
영상과 카드뉴스 등에 삽입할 수 있는 인포그래픽을 디
자인하거나 눈길을 끄는 섬네일을 제작합니다. 긴 글보
다 잘 만든 표나 그림 하나가 훨씬 더 이해하기 쉽고, 깊
은 인상을 줄 수 있습니다.
"과거에는 모션그래픽으로 어려운 이슈를 쉽게 설명하
는 등 디자인 퀄리티를 높일 수 있는 여러 시도를 할 수
있었어요. 그러나 갈수록 효율을 따지니 당장 성과를 낼
수 있는 휘발성 콘텐츠를 제작하라는 지시가 내려옵니
다. 이마저 기획, 구성, 편집, 디자인까지 마치고 내놓았
는데 최종 확인 단계에서 데스크의 의견에 따라 엎어지
는 경우가 있었어요. 그리고 속상했던 건 뉴미디어 조직
을 휴직이나 해외 파견을 앞두고 잠시 머무는 부서로 생

각하는 분들이 있다는 사실이었어요. 처음에는 협력하기도 어렵고 배척하는 느낌이 들었고요. 그런데 기획 단계부터 함께 고민해야 결과물이 잘 나오더라고요.

직군의 고유 영역을 많이 존중해주고, 기획 회의를 함께 하자고 적극적으로 제안하는 기자들이 나타나면서, 요즘에는 아이템이 배정되면 기획 단계부터 직군별로 함께 모여 회의를 해요. 그래픽을 고려해 촬영 요청을 드릴 수 있고, 콘텐츠의 이해도나 관심도가 높아지면 자연스럽게 결과물의 질도 좋아집니다. 지금까지는 이 암묵적인 규칙이 잘 지켜지고 있습니다. 여러 어려움 속에서도 언젠가 뉴미디어 분야의 개척자로서 뿌듯할 날이 오기를 기대하며 버티고 있습니다."

홈페이지 편집자 E씨
"저희는 기사를 가치 있게 만드는 마지막 책임자입니다"

▶ 업무 소개
지금 이 시각 독자들이 원하는 뉴스가 무엇인지 파악하고 적절한 곳에 배치합니다. 뉴미디어용 기사 제목을 다듬고, 기사에서도 적절한 사진이나 구성을 더해 가독성을 높이기도 합니다.

"24시간 쏟아지는 디지털 콘텐츠 속에서, 뉴스는 이용자에게 '필수'가 아닌 '선택'을 기다리는 콘텐츠 중 하나입니다. 편집자는 가독성 좋은 편집과 제목, 적절한 타이밍 등 여러 요인을 고려해 여러 플랫폼에 뉴스를 제공하는 마지막 책임자이자, 기사를 가치 있게 만드는 디지털 마케터입니다. 아무리 중요한 뉴스라도 편집 단계에서 공력을 충분히 들이지 않으면 원하는 시간대에 원하는 뉴스만 골라 소비하는 이용자들에게 외면당하게 됩니다.

그렇다면 편집자들은 조직에서 디지털 마케터로서 존중받고 있다고 생각할까요? 언론사들이 뉴미디어의 중요성을 인식하기 시작한 건 다행이지만, 뉴미디어부를 거치지 않은 기자들은 편집자의 업무를 온라인 기사를 출고하고 오탈자를 수정하는 정도로만 생각할 수도 있을 것 같습니다. 몇 년 전 일이기는 하지만 일부 기자가 편집자를 향해 무례한 언행과 태도를 취하는 모습을 더러 발견했고, 상처받아 자괴감을 느끼는 실무자도 여럿 보았습니다. 기사를 여러 플랫폼에, 최대한 널리 전달하기 위해 많은 인력이 투입되는지 알지 못한 채, 존중은

커녕 하대하는 태도는 잘못되었습니다. 함께 일하는 동료로서 존중해야 합니다."

SNS 운영자 F씨
"메인이나 서브가 아닌, 함께하는 것"

▶ 업무 소개

유튜브, 페이스북, 트위터, 인스타그램 등 각 플랫폼의 성격에 맞추어 뉴스 콘텐츠를 공급하고 유통합니다. 플랫폼마다 '통하는' 콘텐츠가 다르기에 노하우를 축적해 이슈에 대응하고 있습니다.

"다양한 소셜미디어 플랫폼에 기사를 배포하며 제목을 어떻게 뽑을지, 어떻게 하면 내용을 좀더 쉽게 설명할 수 있을지 수십 번 고민합니다. 민감한 현안일수록 막힐 때가 많은데 취재 경험이 많은 기자와 의논하면 물꼬가 트일 때가 많아, 늘 도움을 받고 있습니다. 기자와 소셜미디어 운영자의 의견을 자연스럽게 합쳤을 때 좋은 제목과 설명 문구가 나오기도 합니다.

그러나 가장 큰 문제는 '인력 부족'인 것 같습니다. 뉴스의 특성상 빨리 처리해야 하는 일이 많으니까요. 또 윗

분들의 다양한 요구사항에 비해 인력이 부족해 매번 일을 급하게 처리하게 됩니다. 시간과 공을 들이기가 어렵다 보니 결국 운영에서 섬세함이 떨어지고, 욕심만큼 안 될 때가 있어요. 무조건 빨리빨리 해야 하고, 소통도 원활하지 않아 아쉬웠어요.

아이템의 반응이 좋으면 제작자가 좋은 아이템을 선정하고 제작한 덕분일 수 있습니다. 그렇지만 그 때문만이 아니라 편집자와 SNS 운영자가 적절한 제목과 홍보 문구를 뽑아 콘텐츠에 날개를 다는 경우도 있거든요. 하지만 '콘텐츠를 잘 만들었다'는 평가로 끝이 나니까, 거기에서 사기가 떨어집니다. '고생 많으셨어요, 덕분에 잘 되었어요'라는 격려의 말 한마디도 큰 힘이 되는데 말이죠.

아이템을 유통하는 과정을 잘 모르는 사람이 많습니다. 디지털 시대에 기자와 제작자, 운영자는 서로 떼려야 뗄 수 없습니다. 함께 만들고 운영하는 것이지, 메인main과 서브sub의 관계가 아니라는 걸 이제는 알아야 합니다.

제5장 ▶

디지털 퍼스트
시대의 뉴스

10년 후 뉴스는
어떻게 될까?

　2013년 9월, 영국 옥스퍼드대학이 10년 후에 '사라질 직업' 혹은 '없어질 일' 702개 업종을 발표했다. 인간이 할 일의 절반을 기계에 빼앗길 수 있다니, 당시에는 충격이었다. 기자도 예외는 아니었다. 이 소식이 전해졌을 때, 동료들과 '하루빨리 다른 일을 찾아야 되는 것 아니냐'며 농담 반 진담 반 대화했던 기억이 생생하다. 훨씬 더 빠르고 정확한 인공지능 로봇이 사무실에 떡 하니 자리를 잡고 기사를 쓰고 기자들은 짐을 싸고 초라하게 떠나는 끔찍한 상상이 떠올랐다.

　하지만 10년 가까이 지난 지금도 여전히 이 일을 업으로 삼고 있고, 오히려 매체와 기자는 더 많아지고 있으니 예측이 맞아떨어진 것은 아니다. 그러나 변화는 현재 진행 중이다. 언론과 미디어 업계에 부는 몇몇 변화의 바람을 짚어보자.

✉ 인공지능 로봇이 기자를 대신할까?

이미 오래전부터 『로이터』, 『AP통신』, 『파이낸셜뉴스』 등 몇몇 언론사는 인공지능 기술을 접목해 속보성 기사를 써내는 '로봇 저널리즘'을 도입했다. 인간 기자가 아닌 컴퓨터 소프트웨어가 날씨, 천재지변, 주식시장 동향, 스포츠 경기 결과, 기업 실적 등 데이터를 수집해 기사 형태의 글로 빠르게 내보내고 있다.

『로스엔젤레스타임스』는 로봇 기자가 범죄 관련 데이터를 모아 패턴을 분석하기도 한다. 진도 3.0 이상 지진이 발생하는 등 자연재해가 일어났을 때 자동으로 기사를 작성하기도 한다. 아예 로봇 저널리즘만으로 모든 스포츠 기사를 내놓는 매체도 있다. 데이터가 비교적 단순명료할수록 활용도가 높다. 만약 로봇이 야구 기사를 작성한다면 어떤 과정을 거치게 될까?

1. 데이터 수집 : 경기 날짜, 팀 이름, 점수, 이닝별 진행 상황 등

2. 가치 판단 : 홈런, 안타, 삼진 등 주요 상황 선별

3. 구성 선택 : 중립적 관점, 홈팀 관점, 원정팀 관점 등

4. 기사 작성 : 문장을 작성하고 배열

로봇 저널리즘은 인공지능 기술 발달에 따라 앞으로 더 많은 분야에서 활용될 것이다. 단순히 텍스트 기사를 작성하는 것이 아니라, 영상 콘텐츠를 제작할 수도 있다. 데이터만 제대로 입력한다면 오보를 낼 가능성은 '제로'에 수렴한다. 기사에 필요한 데이터 수집부터 분석과 입력까지 모든 과정이 인간 기자에 비할 수없이 빠르다. 게다가 로봇 기자들은 휴가를 갈 필요도 없고, 마감을 어기지도 않는다. 하지만 로봇 저널리즘이 기자를 완전히 대체할 수 있으리라는 데 동의하는 사람은 많지 않다. 결국 가치판단의 문제는 인간의 몫이기 때문이다.

✉ 오감으로 기사를 느끼는 '메타버스'

세계 최대 소셜미디어 페이스북이 '메타Meta'로 바뀌었다. 페이스북 최고경영자 마크 저커버그는 2021년 10월, 회사의

이름을 '메타'로 바꾸고 본격적으로 '메타버스metaverse' 사업을 시작하겠다고 전격 발표했다. 메타버스는 '3차원 가상 세계'를 뜻한다. 현실 세계가 확장된 이 가상의 공간에서 경제, 사회, 문화 활동을 벌일 수 있게 된다.

'가상현실Virtual Reality, VR'과 '증강현실Augmented Reality, AR'이 어우러진 메타버스에서는 모든 게 가능하다. 특히 코로나19로 비대면 교류가 일상화되면서 메타버스는 빠른 속도로 우리의 삶에 파고들었다. 우리나라에서도 입학식과 졸업식을 메타버스 세계에서 진행하거나, 메타버스 공간에 캠프를 차려 선거를 준비하고 있다.

메타버스는 언론사에도 새 바람을 불어넣었다. 시공간의 제약을 넘어 독자와 만날 수 있는 또 다른 공간이 마련된 것이다. 특히 아바타와의 소통에 익숙한 젊은 1020 이용자들과 새로운 접점을 만들 수 있었다. 글이나 영상으로 기사를 접하는 것 이상으로 현장을 현실과 가깝게 구현해 이용자들이 몰입할 수 있도록 했다.

꼭 뉴스 콘텐츠가 아니어도 언론사 구독자들의 의견을 수렴하고 자유롭게 토론하는 창구로도 메타버스를 십분 활용할 수 있다. 가상공간에서 아바타를 활용해 기자에게 제보하거나 콘텐츠를 시청하면서 실시간으로 의견을 낼 수도 있다. 메타버스 기술은 코로나19 이후 비대면 모임에 대한 수요가 늘면서 투자가 가속화되었다.

✉ '블록체인'은 언론 생태계를 바꿀 것인가?

2018년, 블록체인blockchain(가상화폐를 거래할 때 해킹을 막는 기술)이 화두로 등장하면서 언론산업도 이에 관심을 가지게 되었다. 블록체인이나 가상화폐 시장을 전문으로 다루는 매체나 기자가 등장했고, 블록체인 기술을 뉴스 생산 과정에 접목하기도 했다. 블록체인 기술을 핵심으로 2016년 등장한 미디어 스타트업 '시빌Civil'도 뉴스 생산자와 소비자를 직접 연결해 자본이나 권력이 개입할 여지를 주지 않고, 투명성과 독립성을 확보하겠다며 야심차게 출범했다.

블록체인 기술을 효과적으로 적용한다면 외압에 휘둘리지 않고 언론의 공정성을 수호할 수 있다고 믿었다. 시빌에서는 '토큰'을 이용한다. 시빌 회원들은 토큰으로 저널리즘 가치에 부합하지 않거나 부적절한 기사를 내보내는 매체나 기자에게 직접 불이익을 줄 수 있다. 믿을 만한 뉴스를 후원하고 싶을 때도 바로 이 토큰을 이용할 수 있다. 시빌의 도전이 언론사에 새로운 수익 모델을 제시하며 생태계를 바꿀 수 있을지 관심이 쏠렸다.

하지만 이러한 시도는 결국 실패로 돌아갔다. 시빌은 직접 암호화폐 토큰을 발행하고 『포브스』와 『AP통신』 등 거물급 언론사와 제휴하며 영향력을 점점 더 키웠지만, 2020년 "회사 운영을 지속할 방법을 찾지 못했다"며 막을 내렸다. 블록체인 시장에 대한 관심이 전반적으로 시들고, 대중에게 쉽게 다가가지 못한 탓이었다. 그러나 저널리즘의 가치를 해치지 않으며 수익 모델을 꾀했다는 점에서 의미 있는 선례가 되었다.

국내에서도 블록체인 기술을 통해 언론산업의 활성화를 목표로 하는 기업 '퍼블리시'가 등장했다. 퍼블리시는 한국기자협회와 업무 협약을 맺으며 신뢰할 수 있는 기자 신분임을 증명할 기술을 도입하겠다고 했다. 김위근 퍼블리시 최고연구책임자는 "국회, 경찰, 검찰 등 기자의 출입처가 달라질 때마다 출입증을 발급받으려면 한 달 넘게 걸리는데, 블록체인 기술을 활용해 쉽고 간편한 신원 인증이 가능할 것"이라고 말했다.

지금까지 언급한 내용뿐 아니라, 생각지도 못했던 변화들이 앞으로는 생겨날 수도 있다. 10년 전 예측했던 뉴스가 현재와 같지 않듯이. 하지만 뉴스를 전달하고 소비하는 방식은 변해왔어도, 뉴스의 본질과 가치는 분명 변하지 않을 것이다.

MZ세대를 위한
뉴스테이너

터무니없지만 틱톡에 한창 떠돈 루머가 있었다. 틱톡의 주요 사용자인 초등학생과 중학생들은 잠을 이루지 못하겠다며 진실을 알려달라고 외쳤다. "12월에 좀비 바이러스가 나타난다는 게 진짜냐?", "도널드 트럼프 대통령이 죽으면 좀비 바이러스가 뿜어져 나온다더라". 도대체 이 황당한 루머는 어디서부터 어떻게 시작된 걸까?

루머의 시작은 더 황당했다. 도널드 트럼프 미국 대통령이 코로나19 확진 판정을 받은 소식이 화근이었다. 도널드 트럼프와 좀비라니. 여전히 연결이 잘 되지 않는다. 소문의 근원을

심슨 캐릭터가 관 속에 누워 있는 그림.

한참 따라가 보았다. 트럼프 대통령이 코로나19 확진 판정을 받았다는 소식이 전해지자 미국에서는 '심슨의 예언이 적중했다'는 농담이 유행처럼 번졌다. 도널드 트럼프와 비슷한 모습의 심슨 캐릭터가 관 속에 누워 있는 그림이 함께 퍼졌는데, 정작 이 그림은 방송에서는 한 번도 방영된 적이 없는 출처 불명의 팬 아트였다. 그런데 그게 바다 건너 한국에 닿은 것이다.

청소년들은 〈심슨 가족〉을 잘 모르는 탓에 샛노란 등장인물들을 보고 공포물처럼 여겼고, 예언이라는 농담도 마치 진실인 것처럼 왜곡되었다. 게다가 〈심슨 가족〉의 할로윈 특집에서 좀비가 등장한 장면이 함께 떠돌면서, '심슨 시리즈에서 좀비 바이러스의 창궐을 예언하기도 했다'는 루머까지 확산되었다. 루머는 끊임없이 퍼지더니, 트럼프 대통령이 코로나19로 사망하면 좀비 바이러스가 퍼진다는 등 걷잡을 수 없이 불어났다. 믿을 수 없겠지만, 실제 상황이었다.

꼭 거창하고 복잡한 소식이 아니라도 괴소문은 순식간에 퍼졌다. 팩트체크 요청이 있었고, 당시 'SBS 뉴스'의 틱톡 계정에 업로드된 짧은 영상은 큰 호응을 얻었다. 좀비 바이러스 루머가 어디서 비롯되었는지 알려주고, 맥락을 설명한 영상은 그들에게 당장 필요한 뉴스였다. 이 채널은 그동안 사각지대에 놓였던 청소년 이용자에게 필요한 뉴스를 적시에 내놓으며 신뢰를 쌓기 시작했다. 독자들은 비슷한 루머가 떠돌거나, 정보가 필요할 때 찾아와 댓글로 달았다.

✉ 요즘 애들은 뉴스에 관심이 없다고? 땡!

10년 후 뉴스의 주 소비자층이 될 청소년들은 뉴스를 어떻게 접하고 있을까? 우선 청소년들은 뉴스를 대하는 관점 자체가 다르다. 김아미 시청자미디어재단 정책연구팀장은 "유튜브에서 본 소식도 뉴스고 좋아하는 크리에이터가 말한 것도, SNS에 올라온 경험담도 뉴스"라고 말했다. 뉴스를 접하는 형식도, 경로도 훨씬 다양해졌다. 세대를 거칠수록 신문이나 TV를 보는 사람이 줄어드니, 뉴스도 점점 설 곳이 줄어든다고 생각할 수 있다. 그러면서 요즘 애들은 뉴스에 관심이 없다고 여겼다면, 큰 오산이다.

이들이 주로 소통하는 플랫폼으로 눈을 돌려보면 뉴스가 청소년들에게도 얼마나 강력한 콘텐츠인지 새삼 느낀다. 최근 급부상한 틱톡은 출시 3년 만에 글로벌 쇼트폼 동영상 플랫폼 1위와 소셜미디어 6위를 달성했다.

유튜브 등 다른 글로벌 소셜미디어들이 10여 년의 업력을 보유한 것에 비해, 틱톡은 금방 순위권에 진입해 2021년 구글을 제치고 가장 많이 방문한 사이트 1위에 올랐다. 전 세계 이용자는 10억 명에 달한다. 15초에서 길어야 3분 분량의 영상을 내놓아야 하고 춤, 노래, 게임, 상황극 콘텐츠가 대부분이다. 또 주 사용자들이 10대 청소년들인데, 이들은 평소 친목을 유지하기보다 불특정 다수 앞에 자신들을 내세우고 새로운 관계를 맺기 위해 틱톡을 활용한다.

청소년들의 뉴스 수요는 코로나19 팬데믹을 계기로 기하급수적으로 커졌다. 누구도 겪어본 적 없는 세상이었다. 정해진 요일에 마스크를 사러 한참 줄을 서서 기다리고, 개학은 수차례 연기되고, 온라인 수업이 일상이 되었다. 집에 머무는 동안 소셜미디어를 통해 세상 밖 소식을 접하게 된 것이다. 터무니 없는 가짜뉴스도 만연했다.

그럴수록 뉴스와 정보에 대한 갈증이 두드러졌다. 교육부의 '개학 연기'와 '등교 개학' 관련 브리핑을 송출했더니 같은 시간에 유튜브와 틱톡에서 생중계로 전했는데, 동시접속자수에서 월등히 차이가 났다. 유튜브에서 100여 명이 시청하는 동안, 틱톡에서는 1만 8,000여 명이 접속해 실시간 댓글을 달면서 뜨겁게 반응했다.

✉ 스포테이너, 에듀테이너에 이은 뉴스테이너!

틱톡 계정 '정은 기자(@giza_unnie)'는 8개월 만에 3만 5,000명의 구독자를 달성했는데, 이 계정의 주요 접속자는 10대 청소년들이다. 이슈를 쉽고 친절하게 설명하는 게 주력 콘텐츠인데, 틱톡에서 유행하는 이른바 '밈meme(인터넷에서 유행하는 패러디물이나 놀이)'이나 챌린지, 필터 효과를 접목하거나 직접 춤을 추고 상황극을 한다. 민망할 때도 있지만 어차피 새로운 플랫폼에서 새로운 이용자들과 새로운 관계를 맺는 것이라 홀홀 털어냈다. 그런데 우려와 달리 "뉴스답지 못하게 왜 이래?"

'정은 기자'의 틱톡 활동.

와 같은 반응은 없었다.

틱톡에서 Q&A 라이브 방송을 진행할 때는 책을 쌓아놓고 그 위에 간이 삼각대를 올리면 준비 끝이다. 조두순 출소나 등교 개학, 원격 수업 등을 주제로 1시간 넘게 열변을 토했다. "온라인 수업을 듣다가 중간에 화장실이 가고 싶으면 어떻게 하나", "졸업 사진을 찍을 때도 마스크를 써야 하나"는 등 〈SBS 8 뉴스〉에서는 절대 다루지 못할, 그러나 청소년들에게는 너무나 궁금한 질문들이었다.

이제 막 저녁 메인뉴스 편집을 마치고 온 기자들도 훨씬 편안한 분위기에서 생방송을 진행했다. 기자로서 독자들의 즉각적인 피드백을 받는 게 흔한 일은 아니기에 때로는 사촌 동생과 대화하듯, 때로는 열혈 시청자와 대화하듯 모든 게 신선하게 느껴졌다.

스포테이너, 에듀테이너, 폴리테이너, 셰프테이너 등 특정 분야와 엔터테이너를 합친 별별 합성어가 만들어졌지만 아직 '뉴스테이너'는 없었다. 뉴스를 즐겁게 전달하는 게 익숙하지 않은 탓이다. 또 아무리 즐겁게 전달한다고 해도 반드시 넘지 말아야 할 선이 있다. 그런데도 10대 청소년들이 원하는 뉴스를 그들의 소통 문법에 맞춰 전달하는 건 앞으로 펼쳐질 미래 세대 저널리즘의 한 방법이 아닐까?

보도국에
새 바람이 분다

　디지털 혁신에 성공한 『뉴욕타임스』 편집국은 본사 건물 2층부터 4층까지 3개 층을 쓰고 있다. 그런데 여기에는 엘리베이터가 없다. 복층 구조로 계단을 통해서만 오갈 수 있다. 구성원 사이의 소통과 협업을 강화하기 위해서다. 『뉴욕타임스』 경영진은 폐쇄적이고 수직적으로 운영하던 종이신문 발행 구조를 버리고 수평적으로 협업하는 디지털 비즈니스 구조로 혁신했다.

　클리퍼드 레비 편집국 디지털 담당 부국장은 "매일, 매 시간 (기자와) 소프트웨어 개발자, 디자이너, 상품 관리자가 나란히 함께 일하는 것은 혁명적인 일이었다. 이런 문화는 실리콘밸리에서는 일상적이었지만, 편집국에서는 급진적이었다"고 말했다. 딘 바케이 편집인은 "다른 부문의 사람들과 기자들이 함께 참여하는 것을 두려워 마라"며 부서를 초월한 협업을 강조했다.

✉ 변화의 바람이 분다

한국 언론의 디지털 혁신은 어땠나? 한마디로 말하자면 '물과 기름' 같았다. 언론의 '디지털 퍼스트' 선언은 잇따랐지만 취재 부문과 뉴미디어 부문은 서로 겉돌았다. 저녁 메인뉴스 시간을 기다리지 않고 온라인에 기사를 먼저 출고하거나, 취재 기자가 온라인용으로 재구성한 기사를 추가로 작성하는 식에 그쳤다. 혹은 뉴미디어 제작자가 뉴미디어용 콘텐츠를 별도로 제작하는 것이었다. 그러다 보니 취재 부문과 뉴미디어 부문이 자연스럽게 어우러져 시너지 효과를 내는 곳이 많지 않았다. 언론사들이 '디지털 퍼스트'를 부르짖지만 근본적인 체질 변화는 끌어내지 못했다는 평가가 주를 이루었다.

그럼에도 변화의 바람이 서서히 불고 있다. 언론사들은 통합 뉴스룸을 내세우며 '디지털 퍼스트'를 체화해나가고 있다. 뉴미디어 기자뿐 아니라, 출입처 기자들도 기존의 취재와 저녁 메인뉴스 제작에 그치지 않고 기획 단계부터 뉴미디어 활용 방법을 고민하기 시작했다.

이를 기반으로 취재 부문과 뉴미디어 부문에서 다양한 협업이 이루어지고 있다. 나아가 뉴미디어가 젊은 주니어 기자, 혹은 뉴미디어 기자들의 전유물이라는 기존의 인식에서 벗어나, 노익장 시니어 기자들의 참여와 활약이 곳곳에서 점차 활발해지고 있다.

✉ '출입처 기자 X 뉴미디어 제작자' 콜라보의 힘

비유하자면 진한 에스프레소와 고소한 우유가 만나 부드러운 '카페라테'라는 완전히 다른 종류의 음료가 탄생하듯, 협업에는 완전히 새로운 것을 창조하는 힘이 있다. 『뉴욕타임스』가 부서 간 협업을 강조하고, 국내에서도 출입처 기자와 뉴미디어 제작자가 협업해서 제작한 콘텐츠가 늘고 있는 이유도 여기에 있다. 새로운 정보를 취재하기 용이한 출입처 기자와 뉴미디어 스토리텔링에 뛰어난 제작자가 협업함으로써 서로의 장점을 극대화해 시너지 효과를 발휘할 수 있다.

KBS의 '댓글 읽어주는 기자들'은 출입처 기자가 유튜브 채널에 출연해 협업의 힘을 잘 발휘하고 있는 사례다. 해당 유튜브 코너를 이끄는 김기화 기자와 관심 이슈를 취재한 기자는 함께 기사에 대한 시청자들의 댓글을 읽으며 솔직하고 거침없이 뒷이야기를 나눈다. 출입처 기자는 시청자의 지적에 해명을 하기도 하고, 뉴스에서 전하지 못한 정보를 전하기도 한다. 보도에 대한 악플이 쏟아지기도 하지만, 시청자들의 댓글에 대댓글을 달며 적극적으로 소통한다.

이 콘텐츠는 유튜브에서 좋은 평가를 받으며 라디오에 7개월간 정규 편성되기도 했다. 출입처 기자가 얻은 깊이 있는 정보와 유튜브 코너를 진행하는 기자의 거침없고 유쾌한 유튜브식 화법이 만나 새로운 장르를 개척했다.

SBS의 비디오머그는 기자들과 많은 협업을 시도해왔다. 특히 데이터 저널리즘을 구현하는 마부작침 팀과의 협업을 통해 '친일파 재산 보고서', '성매매 리포트', '국회 예산안 전수 분석-의원님, 예산 심사 왜 또 그렇게 하셨습니까?' 등을 기획했다. 마부작침 팀이 빅데이터를 기반으로 취재한 깊이 있는 정보를 비디오머그 팀의 흥미로운 스토리텔링 방식으로 풀어내 유튜브에서도 반향을 일으켰다. BJC 보도상, 한국온라인저널리즘어워드 등 많은 상을 수상하며 저널리즘의 측면에서도 좋은 평가를 받았다.

비디오머그와 마부작침의 콜라보 영상.

2022년 지상파와 종합편성채널을 통틀어 유튜브 구독자 1위를 달성한 SBS 뉴스는 조직 개편을 통해 디지털 부문 강화에 더욱 박차를 가했다. 최근에 실질적인 디지털 퍼스트를 내세우며 대대적인 조직 변화를 진행하고 있다. 처음 발제 단계부터 출입처 기자와 뉴미디어 기자가 뉴미디어 플랫폼에 맞는 콘텐츠를 함께 기획함으로써 더 큰 시너지 효과를 내겠다는 전략이다.

〈SBS 8 뉴스〉 방송 콘텐츠는 출입처 기자가, 디지털 콘텐츠는 뉴미디어 기자가 제작한다는 이분법적 발상을 깨기 위한 시도다. 두 부문의 더욱 긴밀해진 협업으로 디지털 플랫폼 이용자들에게 친숙한 문법으로 풍부한 정보를 전하기 위해서다. 다만, 장기적으로 디지털 퍼스트가 안착하기 위해서는 이미 취재만으로도 바쁜 기자들에게 디지털 콘텐츠 제작이 부담되지 않도록 과감한 인력 투자가 뒷받침되어야 한다.

✉ '클럽하우스'로 취재한다고?

아랍 국가의 독재정권을 몰아내고 민주주의를 불러온 '아랍의 봄'도 사실은 이런 변화에서 시작되었다. 미국 공영 라디오 방송 NPR의 앤디 카빈 기자는 이미 지난 2011년 자신의 트위터 팔로워 5만여 명에게 민주화운동에 관한 정보를 요청했고, 방대한 제보를 받아 보도했다. 뉴미디어를 매개로 한 열린 뉴스룸을 통해 이용자들은 취재 시작 단계부터 적극적으로 참여했다. 이로써 정보는 풍부해지고, 취재 과정은 투명해졌으며, 그 결과는 폭발적이었다.

음성 기반 SNS '클럽하우스'와 같이 새롭게 등장한 SNS로 제보를 받고 취재하는 기자들도 나타나고 있다. 이곳에서는 누구나 대화방을 개설할 수 있고, 관심 있는 주제의 방에 참여해 음성으로 소통할 수 있다. 이재호 『한겨레』 사회부 기자는 「비대면 설, 목소리 SNS '클럽하우스'로 통했다」를 취재하기 위해 대화방을 열었다. '보도 인용 예정'이라고 명시했는데, 짧은 시간에 100여 명이 들어와 이야기를 나누었다.

이재호 기자는 "코로나19로 사람을 만나 이야기를 듣는 게 쉽지 않은데, '클럽하우스'를 취재 방법으로 충분히 활용할 수 있겠다 싶었다"고 밝혔다. 『중앙일보』의 '듣똑라'는 코로나19

로 진행하지 못한 오프라인 모임을 대신해 클럽하우스에 방을 열고 이용자 수백 명의 의견을 듣기도 했다. 전에 볼 수 없던 변화들이다.

✉ 장르를 넘나드는 '크로스 미디어'의 일상화

연어라는 한 가지 재료로 초밥과 스테이크, 덮밥, 카나페까지 다채로운 요리를 제공할 수 있다면? 그만큼 손님은 음식을 다양한 방식으로 선택하고 즐길 수 있는 기회를 가진다. 뉴스도 마찬가지다. 한 가지 정보를 레거시 미디어에서 노출하는 데 그치지 않고, 뉴미디어 플랫폼에서 다채로운 메뉴로 요리해 제공한다면 이용자의 만족도를 크게 높일 수 있다.

KBS의 〈취재후〉와 SBS의 〈취재파일〉처럼, 방송기자들이 보도 후 취재 뒷이야기 등 미처 담지 못한 뉴스를 긴 호흡의 뉴미디어 텍스트 기사로 전하는 보도들도 이 같은 시도다. 이렇게 미디어를 넘나드는 '크로스 미디어'라는 시도는 이제 영상 콘텐츠로 크게 확산되었다.

예를 들자면 이렇다. 2021년 SBS '주영진의 뉴스브리핑'은 더불어민주당 송영길 대표와 국민의힘 이준석 대표가 양당 대표로는 최초로 TV 토론을 진행하면서 다양한 장르와 포맷의 콘텐츠를 선보였다. 먼저 토론회 제작진은 뉴미디어 플랫폼을 활용해 양당 대표에 대해 시청자 질문을 받겠다고 예고했고, 이에 700개가량의 댓글로 질문이 올라왔다. 토론회 당일 오후 2시에 앵커는 TV 토론회 중 양당 대표에게 시청자들이 댓글로 남긴 질문을 던졌고, 그들은 생방송으로 이에 답했다.

토론회는 TV뿐 아니라 홈페이지와 유튜브, 네이버에서도 동시 라이브로 송출되었고, 구독자들은 실시간 댓글로 소통했다. 방송 직후 뉴미디어부는 전체 영상과 주제별 영상을 각종 뉴미디어 플랫폼에 게시했다. 이어 정치부 기자는 토론장 뒤에서 양당 대표 사이에 벌어진 일화와 토론 내용에 대한 전문가의 정책적 분석을 취재해 당일 저녁 8시 메인뉴스에서 방송 리포트로 전했다.

한 가지 사안을 TV 토론 방송과 메인뉴스, 뉴미디어 플랫폼 각각에 최적화된 방식으로 제작하고 유통한 사례다. 토론 제작진과 취재부, 뉴미디어부의 긴밀한 협업이 있기에 가능한 일이었다.

레거시 미디어가 정규방송 뒤 유튜브용 방송으로 곧바로 이어가는 보도 방식도 확산되고 있다. 유튜브를 기반으로 한 JTBC의 '소셜라이브'는 정규 TV 뉴스 방송만큼이나 인기가 좋았다. 손석희 앵커가 뉴스를 마친 뒤 유튜브 라이브를 통해 본방송에서 못 다한 이야기를 하거나, 취재기자가 취재 뒷이야기를 전하는 식이었다.

CBS 〈김현정의 뉴스쇼〉도 본방송이 끝나면 유튜브 라이브에서 '댓꿀쇼'를 진행한다. 이곳에서는 김현정 앵커가 조금 더 친숙한 톤으로 뉴스의 뒷이야기는 물론 댓글과 문자를 소개하며 이용자들과 소통한다. 심지어 그가 애창곡을 열창한 적도 있었다. 이용자들은 날것에 열광했다.

MBC의 시사 프로그램 〈뉴스외전〉 역시, 정규방송 뒤 곧바로 유튜브에서 '외전의 외전'을 진행하며 이용자수를 늘려나가고 있다. 이처럼 같은 프로그램이어도 뉴미디어 플랫폼에서 다른 형식으로 완전히 다른 맛을 선사할 수 있기에, 이용자들의 만족도가 높다. 이는 언론이 기존의 장벽을 스스로 낮춤으로써 충성 구독자를 유치하는 결과로 이어지기도 한다.

✉ '시니어 기자'들의 눈부신 활약

유튜브 논객들의 채널이 주목받으며 언론사 시니어 기자들의 유튜브 활동도 활발해지고 있다. 『한겨레』의 논설위원들은 유튜브 채널 '한겨레TV'에서 '논썰'이라는 코너를 운영하고 있다. 다양한 출입처를 거쳐온 논설위원들인 만큼 정치와 법, 북한, 경제, 역사, 국제 등 분야를 가리지 않는다. 평균 10분 안팎의 긴 영상 콘텐츠로 심도 있는 사실관계와 논평을 전한다. 『한겨레』의 유튜브판 사설인 셈이다. 신문사라는 한계를 넘어 영상편집에도 공을 들여 보는 재미도 쏠쏠하다. 『조선일보』 36년차 기자인 김광일 논설위원은 유튜브에서 '김광일의 입', '11시 김광일 쇼'라는 코너를 운영하며 각종 정치 이슈를 주제로 논평을 하고 있다.

뉴스레터에 뛰어드는 시니어 기자도 늘고 있다. 『한국일보』는 '이충재의 인사이트'라는 뉴스레터를 만들고 있다. 이충재 주필은 35년간 펜을 든 '뼈기자'다. 얼마 전 환갑이 지나 언론사에서 최고령인 뉴스레터 기자다. 그런 그가 뉴스레터를 쓰게된 건, 주필로 취임하면서부터다. 그는 논설위원들이 사설과 칼럼 외에도 직접 취재하고 기획한 인터뷰 등 자신만의 고유한 콘텐츠로 한 달에 신문 한 면씩 책임지도록 했다. 그리고 그는 뉴스레터를 선택했다. 그는 아침 7시 뉴스레터를 발송하기 위해 새벽 3시 반쯤 일어난다. 단순히 오늘의 뉴스를 전하는 데 그치지 않고 뉴스레터의 이름처럼 통찰력을 담은 문장들을 쓰기 위해 고심한다. 뉴스레터 작성부터 편집과 발송까지 모두 직접 하고 있다.

시도는 인터뷰물로도 확장되었다. 방송의 메인뉴스에서 한 인물에 대해 깊이 있는 인터뷰를 전하는 건 쉽지 않은 일이다. 'SBS 뉴스'는 '人(인)터뷰'라는 3~4분짜리 코너를 운영하기도 했지만, 분초를 다투는 방송 뉴스 환경에서 결국 폐지되었다. SBS의 인물 심층 인터뷰 코너가 다시 빛을 본 건 뉴미디어 덕이다. 윤춘호 논설위원은 뉴미디어 플랫폼에서 '그 사람'이라는 인터뷰 기사를 연재하고 있다. 벌써 50편이 넘었다.

방송기자 31년차인 그는 역사와 경제, 정치, 문화 등 분야를 넘나들며 시대의 주인공들을 만나 인터뷰하고 있다. 깊은 안목과 남다른 필력으로 관심을 받으며 '인터뷰이보다 글 쓴 사람이 더 궁금하다'는 말까지 나오고 있다.

글로 시작한 디지털 시도는 영상으로 확장되었다. 영상은 보통 30분 안팎으로 길지만, 질문과 답을 주고받으며 깊어지는 인터뷰의 묘미가 있다. 윤춘호 논설위원은 "사실 논설위원이 된 뒤 몰두할 수 있는 일이 있으면 좋겠다고 생각해 인물 기사를 쓰기 시작했다. 뉴미디어에는 지면 제한이 없는 만큼 가급적 자세히 쓰기로 했고, 그러려면 인물을 만나 깊이 있게 취재해야 했다. 그래서 요즘에는 섭외하고 취재하고 기사 쓰느라, 밥 먹는 시간이 아까울 정도로 바쁘다. 몰입의 행복이 대단히 크다. 30년 기자 생활 중 요즘이 가장 보람 있고, 즐겁다"고 말한다. 시니어 기자들의 연륜과 풍부한 경험이 새로운 플랫폼을 만나 더 빛을 발하는 셈이다.

✉ 눈 뜨면 2배씩 확장되는 가능성의 영역

6%→12%→24%. 매해 2배씩 급성장하는 이 수치는 바로 2018~2020년 온라인 동영상 플랫폼을 통한 뉴스 이용률이다. 디지털 시대에 레거시 미디어의 이용이 줄고 위상이 약화되고 있다는 우려가 크지만, 동시에 뉴미디어 영역을 활용할 가능성은 더 커지고 있다는 뜻이기도 하다. 이 확장되는 가능성의 영역을 어떻게 활용하느냐에 언론사의 명운이 달려 있다.

이용자들은 오늘도 자신에게 맞는 뉴스를 찾고 있다. 기성 언론이 부서와 직군, 나이를 불문하고 디지털 퍼스트를 근본적으로 체화하기 위해 노력한다면, 그래서 취재 부서와 뉴미디어 부서가 적극적으로 협업하고 이용자들과 소통한다면, 이전에는 상상하지 못했던 돌파구를 찾을 수 있을 거라고 강하게 믿는다.

앞장설 것인가,
따라갈 것인가?

유튜브로 대변되는 뉴미디어, 하지만 대세 플랫폼은 언제든 꺾일 수 있고, 또 다른 새로운 시대는 한달음에 우리 앞에 놓일 거다. 3년 동안 그 격변 속에 살면서 매일 마음을 졸였고, 가끔은 무섭기도 했다.

뉴미디어부에서 3년간의 생활을 마치고 보도국으로 돌아가던 날, 개인 SNS에 남겼던 소감 중 일부다. 즉흥적으로 쓴 글이었는데, 지난 3년 동안의 심정이 더없이 솔직하게 담긴 두 문장이다. 살아남기 위해서는 다음을 위한 '무언가'를 찾아야 한다는 고민과 부담감이 컸고 늘 답답했다. 동시에 후발 주자들은 너무나 빠른 속도로 쫓아오니 조급함도 생겼다.

☝ '포스트 유튜브'에 대한 고민과 대비

많은 사람이 '여기는 새로운 세상이야', '뉴미디어야'라고 말하는 순간, 뉴미디어는 이미 올드미디어가 되는 게 역설적인 현실이다. 그래서 우리가 이제까지 한참 이야기한 유튜브는 김이 빠지지만 더는 새로운 세상이 아니다. 뉴스를 전달하는 플랫폼으로서 '포스트 유튜브' 자리만 놓고 생각해봐도, 후속 플랫폼들의 경쟁은 이미 시작되었다.

사진과 해시태그를 통해 취향을 드러내는 곳으로 여겨진 인스타그램도, 젊은 세대의 영상 놀이터쯤으로 취급받던 틱톡도 이제는 뉴스 시장을 호시탐탐 노리고 있다. 최근에는 미국과 영국의 앱 사용자들이 유튜브보다 틱톡에 더 오랜 시간 머문다는 분석도 나왔다. 이런 변화의 흐름이 뉴스 콘텐츠에서만 비껴갈 리는 없을 것이다.

최근 짧고 굵게 세상을 흔든 새로운 플랫폼 중 하나는 클럽하우스였다. 초대를 받아야만 참여할 수 있는 비개방적 공간에서, 쉽게 만날 수 없는 셀럽 또는 오피니언 리더들과 대화를 나눌 수 있다는 희소성이 클럽하우스가 탄생한 초기에 폭발적인 원동력이 되었다. 뉴스 플랫폼과 어떻게 연결이 되어 있나 싶을 수도 있지만, 셀럽과 오피니언 리더들이 모여서 대화하는 것만으로도 뉴스의 자원이 되기에 충분했다. 또 기성 미디어에 의존하지 않고도 자신의 이야기를 대중에게 전달할 수 있다는, 기존 유튜브가 가진 속성까지 겸비했다. 클럽하우스는 샛별과 같은 등장에 비해 퇴장도 빨랐지만, 미디어 생태계에 신선한 충격을 선사하며 기성 언론을 긴장하게 했다.

하지만 무엇도 명실공히 유튜브의 대안이 되지는 못했다. 유튜브를 대체할 '포스트 유튜브'는 아직 나타나지 않았다. 공급자가 스스로 정할 수 있는 것이 아니기 때문에 대중이 과연 무엇을 선택할지는 아무도 모른다. 촉각을 곤두세우고 예측하며 대비하는 것이 최선일 뿐이다.

틱톡, 유튜브 쇼츠, 인스타그램 릴스, 네이버 프리미엄 콘텐츠, 카카오뷰 등이 포스트 유튜브가 될지 모른다. 새로운 플랫폼의 소비 문법에 맞는 내러티브를 개발하며 시간과 비용을 투자하고 있다면 박수쳐 드리고 싶다. 통계는 없지만, 이런 대비를 하지 않고 있다가 닥치면 부랴부랴 남을 따라 하기 급급한 경우가 대부분이기 때문이다.

✉ 언제까지 플랫폼에 몸을 구겨넣어야 할까?

온라인 매체 『ㅍㅍㅅㅅ』를 창간하고 현재 네이버 프리미엄 콘텐츠에서 '고해상도'라는 뉴스 큐레이션 채널을 운영 중인 이승환 대표. '2015 저널리즘의 미래 콘퍼런스'에 연사로 나온 그는 지난 10년간 대한민국 뉴미디어의 흐름을 "플랫폼에 먹히는 형식을 찾아 헤맨 시간"이라고 정의했다. 카드뉴스가 먹힐 때는 모든 언론사가 카드뉴스로 쏠렸고, 영상이 통한다고 하니 이제는 너도 나도 영상을 만들고 있다는 자조自嘲다.

이승환 대표는 이 흐름 속에서 언론사는 "규칙을 정해 선도하는 '룰 세터rule setter'가 아니라 플랫폼이 만든 룰을 따라가기 바빴다"고 평가했다. 언론사들이 플랫폼의 흥망에 따라 춤추며, 플랫폼이 요구하는 틀 안에 몸을 구겨넣기 급급했다는 이야기다.

유튜브에서 뉴스 콘텐츠를 만들고 채널을 운영해본 한 사람으로서, 이승환 대표의 분석에 매우 공감한다. 포스트 유튜브가 무엇일지 고민하는 것은 소비의 흐름을 좇는 미디어 시장의 사업자로서 당연하고 필수적이다. 하지만 앞서 밝혔듯 '포스트 미디어'가 무엇이 될지 누구도 예단할 수 없는 상황에서, 언제까지 그 불확실성을 견디며 옷을 갈아입어야 하는가 생각하면 체한 듯 가슴이 답답해진다.

　과거의 방송과 신문은 뉴스 콘텐츠를 생산하는 공장이자 뉴스를 소비하는 플랫폼 자체이기도 했다. 그러나 이 두 매체가 플랫폼의 기능을 사실상 상실해가며 대세 플랫폼에 어떤 콘텐츠를 납품해야 소비자들을 끌어모을 수 있을지에 천착할 수밖에 없는 현실을 생각했을 때도 답답해지기는 마찬가지다.

✉ '찬밥'이 된 국내 언론사 홈페이지

　언론이 '룰 세터(규칙을 만드는 주체)'가 되지 못하고 오히려 플랫폼의 룰을 따르기 급급했던 시간의 결과물은 바로 '찬밥이 된 홈페이지'다. 당장 우리부터도 그랬다. 유튜브, 페이스북, 인스타그램 등에 업로드할 때와 홈페이지에 영상을 전송할 때 자세가 달랐다. 유튜브에 업로드할 때는 섬네일을 몇 번씩 수정할 만큼 고민을 거듭하고, 제목 한 줄을 쓸 때도 좀더 독자 유입을 끌어낼 수 있는 문구와 전략을 고민한다.

　그러나 SBS 뉴스 홈페이지에 기사를 전송할 때는 매력적인 제목이나 인상 깊은 섬네일에 대한 고민은 상대적으로 덜했다. 우리 홈페이지에 들어와 비디오머그가 만든 영상을 보는 사람이 유튜브나 페이스북에서 보는 사람보다 확연히 적었기 때문이다. 물론 사람들이 몰리는 플랫폼을 외면하고 오로지 '마이웨이'를 고수하는 건 어리석은 일이지만, 정작 내 상품을 판매할 내 가게 하나 번듯하게 구축하지 못한 안타까운 상황에 봉착한 것이다.

사람들이 먼저 뉴스 홈페이지를 외면한 것인지, 언론사들이 자사 플랫폼, 즉 홈페이지에 대한 고민과 투자를 늦추어서인지, 이 중 무엇이 먼저인지는 모르겠지만 결과는 이미 나타나고 있다. 로이터저널리즘연구소에서 매년 발간하는 「디지털 뉴스 리포트」에 따르면, 온라인 뉴스를 이용하는 주된 경로를 묻는 질문에 포털을 대표하는 검색엔진과 뉴스 수집 사이트를 통해 뉴스를 접하는 소비자는 46개 조사 대상국 중 한국(72%)이 가장 높다. 언론사의 홈페이지나 앱에 직접 접속해 이용하는 경우는 5%로, 조사 대상국 중 최하위다. 매년 수치가 조금씩 늘고 줄기는 하지만 대세의 흐름은 수년째 같은 상황이다.

✉ 『가디언』의 유튜브 활용법

유튜브가 한국에만 있는 것도 아닌데, 해외에서는 왜 이런 흐름이 우리만큼 두드러지지 않는 걸까? 각 나라의 언론 환경이 다르고 그로 인해 구축된 시장의 형태도 다르니 단순 비교는 어렵지만, 2018년 로이터저널리즘연구소에서 단기 연수로 만났던 해외 언론사 관계자들은 홈페이지 등 자사 플랫폼을 강화하기 위해 '지키려고 노력하는' 기준들이 있었다.

영국 『가디언』에서는 지난 7년 동안 유료 구독자수가 10배가량 늘었다. 후원 모델에서는 『뉴욕타임스』보다도 앞서 있고, 한 해 후원자만 100만 명에 이른다. 2022년까지 후원자 200만 명을 목표로 내세우고 있는데, 매달 일정 금액을 지불하고 있는 구독자수인 만큼 그저 유명세가 만들어낸 결과로 치부하기는 어렵다.

2018년 박수진 기자는 런던에 있는 『가디언』 본사에서 유럽 지역 특파원인 존 헨리 기자를 직접 만났다. 그는 한국언론진흥재단과 로이터저널리즘연구소가 진행한 '뉴스의 미래' 연수에 참가했는데, 존 헨리 기자가 당시 연수에 참여했던 한국 기자들의 인터뷰 요청에 응하며 성사된 만남이었다.

존 헨리 기자는 확고했다. "지금처럼 열심히 만든 콘텐츠를 유튜브나 페이스북에 올리며 플랫폼 업체만 좋은 일만 시켜서는 언론에 미래가 없다"고 했다. 『가디언』도 유튜브, 페이스북, 트위터에 자사 콘텐츠를 적극적으로 공급하기는 하지만,

2018년 박수진 기자가 『가디언』 본사에서 만난 존 헨리 기자.

'넘지 않는 선'은 분명히 존재한다는 게 그의 이야기였다. 그는 "다른 플랫폼보다 『가디언』의 웹사이트나 모바일앱에서 기사를 소비하도록 하는 것이 중요하다. 우리 플랫폼에서 더 많은 내용을 볼 수 있도록 해야 한다"고 덧붙였다.

실제로 『가디언』은 2017년, 전통적인 신문사에서 디지털 미디어 그룹으로 전환하기로 선언한 후 영상과 팟캐스트 등 비디오와 오디오 콘텐츠에도 심혈을 기울이고 있는데, 제작한 모든 콘텐츠를 유튜브 등 외부 플랫폼에 공급하지는 않는다. 다만 이를 전략적으로 활용한다. 예를 들어 미국의 9·11 테러 20주년 기념식 현장을 유튜브 라이브로 보여주면서, 영상의 오른쪽 상단에 『가디언』 웹사이트에 업데이트되고 있는 아프가니스탄 사태 관련 뉴스 페이지를 링크로 노출시키는 식이다.

'가디언', '가디언 뉴스', '가디언 스포츠' 등 『가디언』이 운영하는 유튜브 채널의 소개를 봐도 결론은 "오늘 당신의 후원이 우리의 미래를 만듭니다"라며 유료 구독과 후원을 독려한다. 이와 동시에 웹사이트로 유입된 독자들이 서비스에 만족할 수 있도록 끊임없이 독자 중심적 플랫폼을 구축하기 위해 노력하고 있다.

실례로 『가디언』의 홈페이지는 독자 스스로 화면을 편집할 수 있다. 메인화면에 헤드라인, 스포트라이트, 스포츠, 컬처, 오피니언 등 각 분야의 기사들을 펼쳐놓기는 하지만, 섹션마다 '보이기SHOW'와 '숨기기HIDE' 기능이 있어 관심이 없거나 보고 싶지 않은 분야는 숨길 수 있다. 그렇게 숨김 처리한 분야는 다음 웹사이트 방문 때도 그대로 유지된다. 홈페이지의 기사 배치마저도 '독자 퍼스트'의 전략을 충실히 시행하고 있는 셈이다.

✉ 독자 지향적인 뉴스

최근 웹사이트와 모바일앱을 개편한 『중앙일보』는 웹사이트와 앱의 메인화면 상단에 구독을 유도하는 '연재 코너'를 노출시켰다. '탈脫 포털'과 '유료화'를 향한 시도이자 독자를 우리 집으로 끌어들이기 위한 첫걸음이기도 하다. 김종윤 『중앙일보』 편집국장은 『한국기자협회보』와 인터뷰에서 "허공에 콘텐츠를 뿌릴 게 아니라 독자들이 원하는 걸 정확히 알고 공급해야 우리 기사, 사이트에 대한 충성도가 높아지고 중요한 독자가 된다"며, "데이터를 축적하고 그 패턴을 분석해 독자 지향적인 뉴스를 개발하고 서비스하는 방향을 강화하겠다"고 말했다.

대세 플랫폼이 변할 때마다 그에 맞게 몸을 늘리고 줄이는 일만으로 지속가능한 미래를 만들기는 어렵다. 뉴스 생산자로서 우리의 지향은 유튜브가 아니라 어디서든 보고 싶은 뉴스 콘텐츠이기 때문이다.

뉴스 소비의 흐름과 플랫폼의 변화를 예의 주시하면서도, 휘둘리지 않고 휩쓸리지 않는 우리의 플랫폼을 구축하며 독자를 유입할 방법에 대한 고민이 뒤따라야 한다. 우리가 마련한 공간으로 독자들을 불러들이는 게 쉽지는 않겠지만 결국 생존하기 위해 바람직한 방향이다. 변화를 따라갈 것인가 또는 선도할 것인가 하는 선택은 외줄 타기처럼 어려워도 우리가 가려는 길이다.

참고문헌

「Building a digital New York Times: CEO Mark Thompson」, 『McKinsey &Company』, August 10, 2020.

Craig Silverman, 「Is This the World's Best Twitter Account?」, 『Columbia Journalism Review』, April 8, 2011.

Gabriel Snyder, 「The New York Times Claws Its Way into the Future」, 『Wired』, February 12, 2017.

Howard Tiersky, 「The New York Times Is Winning at Digital」, 『CIO』, June 8, 2017.

Lucas Galan et al., 「How Young People Consume News and the Implications for Mainstream Media: A report by Flamingo commissioned by the Reuters Institute for the Study of Journalism」, 『Reuters Institute for the Study of Journalism』, 2019.

「『뉴욕타임스』 2014 보고서」·「『뉴욕타임스』 2020 보고서」.

구본권, 『뉴스를 보는 눈』, 풀빛, 2019년.

권도연, 「[IT 열씃말] 브랜디드 콘텐츠」, 『블로터』, 2017년 9월 29일.

권태호, 『공짜 뉴스는 없다』, 페이퍼로드, 2019년.

금준경, 「스브스뉴스가 SBS에서 독립한 이유」, 『미디어오늘』, 2017년 12월 25일.

금준경 외, 「언론사 뉴미디어 인력은 뭘 해도 '2등 시민'」, 『미디어오늘』, 2021년 3월 14일.

김고은, 「한눈팔지 않고 묵묵히 35년…기자가 천직이라는 '뼈기자'」, 『기자협회보』, 2021년 8월 24일.

김기화, 「KBS, 〈댓글 읽어주는 기자들〉 - '댓글러'와 시작하는 4차 언론혁명」, 『신문과방송』, 2019년 7월호.

김민주, 「"고 김민식 군의 부모 불륜, 일진" 주장한 유튜버 징역 2년 선고」, 『베이비뉴스』, 2021년 8월 18일.

김연희, 「언론은 어떤 백신을 맞어야 하나」, 『시사IN』, 2020년 12월 16일.

김예리·손가영, 「뉴미디어 노동자 '안녕하신가요'」, 『미디어오늘』, 2020년 11월 25일.

김익현, 「가디언 '유튜브 구독자 100만 돌파'가 놀라운 이유」, 『지디넷코리아』, 2019년 9월 17일.

김정민, 「MZ세대 취향 저격 '듣똑라', 유튜브 선정 '50인의 한국 크리에이터'로 우뚝」, 『중앙일보』, 2021년 9월 9일.

뉴욕타임스2020그룹, 강진규 옮김, 『독보적인 저널리즘』, 스리체어스, 2017년.

리 쿠엔, 뉴스페퍼민트 옮김, 「블록체인 미디어 '시빌' 토큰 재판매로 재기 노린다」, 『코인데스크 코리아』, 2019년 3월 13일.

마스다 무네아키, 이정환 옮김, 『지적자본론』, 민음사, 2015년.

박상현, 「버즈피드와 악시오스, 서로 다른 미디어 실험: 플랫폼에 휘둘린 버즈피드와 독자 맞춤 전략으로 부상한 악시오스」, 『신문과방송』, 2019년 4월호.

박아란, 「뉴스 미디어 및 허위정보에 대한 인식조사」, 『미디어 정책 리포트』, 한국언론진흥재단, 2020년 12월 10일.

서울대학교 언론정보연구소(factcheck.snu.ac.kr).

선수현, 「어피티(UPPITY), '금융맹'을 '금융 덕후' 만드는 뉴스레터」, 『톱클래스』, 2020년 12월호.

송건호 외, 『한국 언론 바로보기 100년』, 다섯수레, 2012년.

송의달, 『뉴욕타임스의 디지털 혁명』, 나남, 2021년.

신현규, 「오픈 비율 40%, 미라클레터가 만든 기적 같은 변화」, 『미디어오늘』, 2021년 9월 3일.

안선혜, 「수익화? 브랜딩? 기로에 선 언론사 버티컬 채널」, 『더피알』, 2021년 8월 17일.

안형기·조현아, 「급변하는 미디어 환경에서 살아남는 법」, 『단비뉴스』, 2018년 6월 26일.

윤수현, 「조선일보 유료 콘텐츠는 뭣이 다른가」, 『미디어스』, 2021년 8월 4일.

이성규, 「한국형 미터드 페이월의 실험, 과제와 전망」, 『미디어오늘』, 2021년 9월

3일.

이용환, 「메시지 소구 방식으로 본 유튜브 바이럴 영상에 대한 연구」, 『조형미디어학』, 22(3), 한국일러스트아트학회, 2019년.

이재호, 「'가디언'은 어떻게 백만 명을 모았나」, 『한겨레21』, 2019년 3월 18일.

이정현, 「언론시장 뒤흔든 디지털 폭풍, 답은 저널리즘에」, 『연합뉴스』, 2019년 10월 10일.

이정환, 「저널리즘의 미래, 고양이와 경쟁해선 답이 없다」, 『미디어오늘』, 2020년 9월 5일.

이주영, 「[EBS 비즈니스 리뷰] 조영신 박사의 '혁신 저널리즘' 뉴욕타임스 비즈니스 전략」, 『퀸』, 2021년 1월 18일.

장슬기, 「[어린이날 특집] ① "어린이와 함께 검색하기 어려운 키워드 '어린이'"」, 『미디어오늘』, 2021년 5월 3일.

정철운, 『손석희 저널리즘』, 메디치, 2017년.

조윤정, 「틱톡(TikTok) 열풍의 3가지 의미와 시사점」, 『주간 KDB 리포트』, 2020년 10월 12일.

조을선, 「[취재파일] 고(故) 이태석 신부가 뿌린 사랑, 의사 57명으로 '부활'하다」, 『SBS 뉴스』, 2021년 3월 25일.

───, 「저널리즘의 길, 팩트체크 원칙의 '일상화'」, 『미디어 리터러시』, 2019년 10월호.

조준혁, 「'카카오뷰' 런칭 20일 만에 매체 '이게 뭐야' 볼멘소리」, 『미디어오늘』, 2021년 8월 25일.

최승영, 「기사엔 없는 뒷이야기, 귓속으로⋯언론사·기자 '클하' 열풍」, 『한국기자협회보』, 2021년 2월 24일.

───, 「"독자 니즈 파악부터⋯올해 중앙일보 '로그인 독자' 30만 목표"」, 『한국기자협회보』, 2021년 9월 7일.

최승영·강아영, 「다들 알지만 말 못 했던 디지털 혁신의 걸림돌⋯기자 중심 조직」, 『한국기자협회보』, 2018년 10월 3일.

최영호, 「[트렌드모니터] 허물어진 미디어의 경계, 그 자체로 거대한 미디어가 된 스마트폰」, 『매드타임스』, 2019년 3월 7일,

최유진·박두호, 「뉴미디어, 기자들 '가욋일' 아니다」, 『단비뉴스』, 2019년 10월 26일.

최홍규, 「유튜브 추천 콘텐츠와 확증 편향」, 『유튜브와 정치 편향성, 그리고 저널리즘의 위기』, 한국방송학회·한국심리학회, 2019년 8월 21일.

편집위원회, 「'조두순 사건' 선정적 보도, 유튜버와 다를 게 뭔가」, 『기자협회보』,

참고문헌

2020년 12월 15일.

하수영, 「[인터뷰] 심석태 SBS 뉴미디어국장을 만나다: 뉴미디어, 겁 없는 SBS가
　　　이끌어간다」, 『PD저널』, 2017년 5월 31일.

「한국신문윤리위원회 제949차 회의」, 『신문윤리』, 2021년 2월호.

한국언론진흥재단, 「2020 언론수용자 조사」, 한국언론진흥재단, 2020년.

한국정보통신기술협회, 『정보통신용어사전』, 두산동아, 2006년.

**기자들,
유튜브에
뛰어들다**
ⓒ 박수진·조을선·장선이·신정은, 2022

초판 1쇄 2022년 2월 25일 펴냄
초판 2쇄 2022년 4월 19일 펴냄

지은이 | 박수진·조을선·장선이·신정은
펴낸이 | 강준우
기획·편집 | 박상문, 김슬기
디자인 | 최진영
마케팅 | 이태준
관리 | 최수향
인쇄·제본 | (주)삼신문화

펴낸곳 | 인물과사상사
출판등록 | 제17-204호 1998년 3월 11일

주소 | (04037) 서울시 마포구 양화로7길 6-16 서교제일빌딩 3층
전화 | 02-325-6364
팩스 | 02-474-1413

www.inmul.co.kr | insa@inmul.co.kr

ISBN 978-89-5906-627-8 03300

값 15,000원